走进美丽中国，纵览神州大地华美画卷

中国地理百科

王才魁◎编著

图书在版编目（CIP）数据

中国地理百科 / 王才魁编著 . -- 武汉 : 湖北科学技术出版社 , 2015.8（2022.1 重印）

ISBN 978-7-5352-8131-9

Ⅰ . ①中… Ⅱ . ①王… Ⅲ . ①地理—中国—少儿读物 Ⅳ . ① K92-49

中国版本图书馆 CIP 数据核字 (2015) 第 179009 号

责任编辑：张波军　　　　封面设计：王　梅

出版发行：湖北科学技术出版社　　　　电话：027-87679468
地　　址：武汉市雄楚大街 268 号　　　　邮编：430070
（湖北出版文化城 B 座 13-14 层）
网　　址：http：//www.hbstp.com.cn

印　　刷：山东润声印务有限公司　　　　邮编：271500

720mm × 1015mm　1/16　　　　20 印张　300 千字
2015 年 10 月第 1 版　　　　2022 年 1 月第 2 次印刷
定价：69.00 元

本书如有印装质量问题　可找本社市场部更换

PERFACE 前言

中国是亚洲领土面积最大的国家，在这片神奇伟大的土地上，山河壮美，历史悠久，文化灿烂，自然资源极为丰富。从冰雪覆盖的喜马拉雅、莽莽昆仑，到波澜壮阔的深海大洋；从朔风凛冽的茫茫大漠、蓝天白云的万里草原，到锦绣江南的水乡雅韵、奇美幽邃的山川大泽，国土民风、环境资源、经济文化都各具特色，共同构成了我国的自然与人文景观。这众多的自然景观、文化遗迹、物产资源，共同组成了中国地理的全貌。

我们所处的多样而美丽的地理环境是中华民族赖以生存和发展的基础。祖国的繁荣昌盛要靠具有高水平文化素质的全体人民的共同努力，只有如此，国家才能更加文明进步，中华民族的复兴大业才能早日实现。地理教育同其它教育一样是国民素质教育的重要组成部分，它能使接受教育的国民基本掌握中国乃至世界的地理与风土人情的知识，牢牢建立自然资源有限性与合理利用和环境保护的意识。因此，《中国地理百科》的编辑出版，目的在于为全面提升全民族的文化素质提供一部好的科普读物，满足广大读者的需要。

《中国地理百科》为广大青少年朋友打开了一扇了解中国地理的窗口。本书全面介绍了祖国各地的大好河山，将地貌、气候、历史文化等知识娓娓道来，并通过数百幅精美的图片，全景再现了中华大地的绚丽风光与历史文化底蕴，让地理知识变得鲜活，让青少年朋友如身临其境般地感受黄山云海、庐山瀑布、西湖美景……纵览神州大地壮美的画卷，通观中国历史名胜的神奇景观。它致力于中国地理知识的传播．而不是高深的学术研究。您既可以系统阅读，也可以通过它查找资料。如果能使您感受到中国地理的无穷魅力，使您获得一些知识或启迪，那么，我们编辑此书的愿望也就得到了实现。来吧，让我们在美妙的彩色图文世界中，开始精彩的美丽旅行吧！

CONTENTS 目录

第一章 中国地理概况

第二章 首善之区——北京市

第三章 林海雪原——黑龙江省

第四章 一山三水——吉林省

第五章 东方鲁尔——辽宁省

第六章 京畿门户——天津市

第七章
塞外明珠——内蒙古自治区

第八章
金玉之乡——新疆维吾尔自治区

第九章
塞上江南——宁夏回族自治区

第十章 江河源头——青海省

第十一章 雍梁之地——甘肃省

第十二章 三秦之地——陕西省

第十三章 世界屋脊——西藏自治区

第十四章 天府之国——四川省

第十五章 山城雾都——重庆市

第十六章 群山之省——贵州省

第十七章
彩云之南——云南省

第十八章
中国煤海——山西省

第十九章
燕赵大地——河北省

第二十章
齐鲁大地——山东省

第二十一章

中原腹地——河南省

第二十二章

江淮胜地——安徽省

第二十三章

鱼米之乡——江苏省

第二十八章 人间天堂——浙江省

第二十九章 东南侨乡——福建省

第三十章 祖国宝岛——台湾省

第三十一章 八桂之乡——广西壮族自治区

第三十二章 天涯海角——海南省

第三十三章 百越之地——广东省

第三十四章 东方之珠——香港特别行政区

第三十五章 海上花园——澳门特别行政区

1

第一章

祖国地理概况

【简称】中国
【别称】华夏、中华、神州、九州
【首都】北京
【面积】陆疆约960万平方千米，海疆约470万平方千米
【行政区划】23个省、5个自治区、4个直辖市、2个特别行政区
【地形】地势西高东低，地形复杂多样，山地、高原和丘陵约占全国总面积的2/3，盆地和平原约占1/3
【气候】气候复杂多样，从南到北跨热带、亚热带、暖温带、中温带、寒温带等气候带
【民族】56个民族
【风景名胜】故宫博物院、八达岭长城、泰山、秦始皇陵兵马俑等

边界疆域

BIANJIE JIANGYU

在地球这个美丽的蓝色星球上，有一个神奇的国度，她昂首站立于全球最大的陆地——亚欧大陆上，她就是我们伟大的祖国——中国！

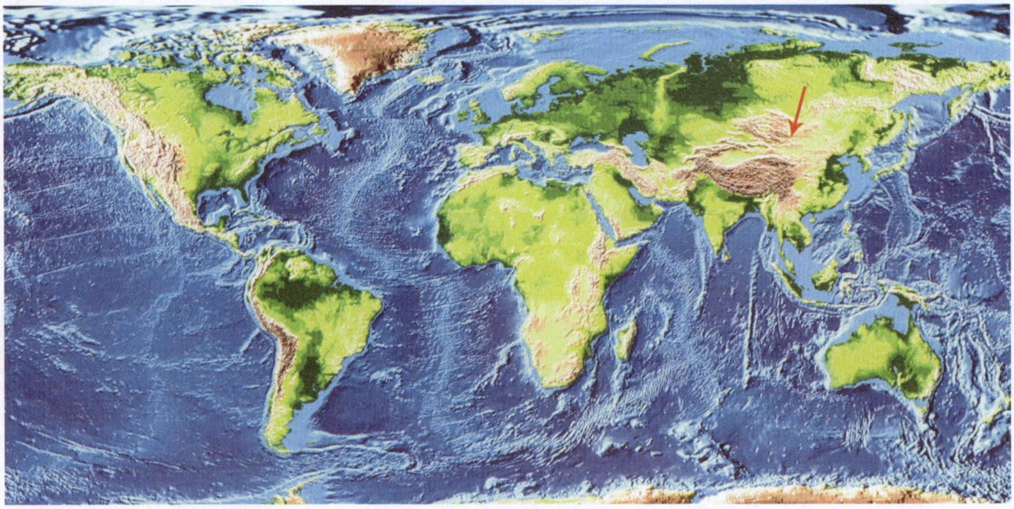

中国的疆域

如果说地球是一颗熠熠发光的宝石，那么中国绝对是这颗宝石上重要的一部分。她色彩绚丽地装点着亚欧大陆的东部，夜以继日地倾听着来自太平洋的海浪的歌声。

帕米尔高原

中国占据着“璀璨宝石”的一部分，光陆地面积就有约960万平方千米，在世界各国中，仅次于俄罗斯、加拿大，居第三位，差不多同整个欧洲的面积相等。

中国的边界

中国就像一只引吭高歌的雄鸡，伸直脖颈儿，头顶黑龙江主航道中心线，脚踩南沙群岛中的曾母暗沙，身高约5500千米；鸡冠位于黑龙江与乌苏里江主航道中心线交汇处，尾翼向外伸展，直抵帕米尔高原东缘，身宽约5200千米。

陆上的邻国

中国边境紧挨着许多国家，它们都是我们的邻国。中国陆地上的邻国总共有14个：东部邻国有朝鲜，北部邻国有蒙古、俄罗斯，西部邻国有哈萨克斯坦、吉尔吉斯斯坦、塔吉克斯坦、阿富汗和巴基斯坦，西南部邻国有印度、尼泊尔和不丹，南部邻国有缅甸、老挝和越南。

隔海相望的国家

黑龙江

中国大陆海岸线也不短，有18000多千米长，沿海有面积在500平方米以上的岛屿6500多个。渤海和琼州海峡是中国的内海，黄海、东海、南海则属于边缘海。日本、韩国、菲律宾、文莱、马来西亚、印度尼西亚6个国家与中国隔海相望。

青藏高原

地貌

DIMAO

地貌，就是地球的“外貌”，也叫地形。地球像一位会变脸的魔法师，一会儿是广袤无垠的平原，一会儿是连绵纵横的丘陵，一会儿是突兀高起的高原，一会儿是猛然下陷的盆地……中国的地形多样，类型齐全，高原、山地、盆地、平原、丘陵等无所不有。地势西高东低，成三级阶梯，自西而东，逐级下降，向海洋倾斜。这种地形一方面有利于海洋上的湿润气流深入内地，形成降水；另一方面使我国许多大河滚滚东流，沟通了东西交通，方便了沿海和内地的经济联系。

富贵之乡——平原

如果说地球是个美丽的“大公园”，那么平原就是“大公园”里的绿草地。它景色优美，地势平坦，远远望去，真是一马平川，沃野千里！怪不得人们要用大量的赞美之词来形容它，比如东北平原被誉为“中华大粮仓”，长江中下游平原被称为“鱼米之乡”，成都平原被誉为“天府之国”，宁夏平原则有“塞上江南”的美名。

神奇聚宝盆——盆地

说到盆地——望不到边的巨大“低坑”，它就像一位伟大的母亲，温柔地揽住四处乱跑的调皮的“水孩子”，轻轻地哄着“水孩子”，让“水孩子”安心睡觉，同时使大地得到滋润，万物得以生存。塔里木盆地、准噶尔盆地、柴达木盆地和四川盆地就是这样神奇的地方。

山　地

中国是个多山的国家，在陆地的表面，有许多蜿蜒起伏、巍峨奇特的高山，这些高山层峦叠嶂，群居在一起，形成一个山地大家族。喜马拉雅山、昆仑山、唐古拉山、天山、阿尔泰山都是著名的大山。生活在山地中的动物有雪豹、山地黑猩猩、老虎等。

雪豹

山地表面形态奇特多样，有的彼此平行，绵延数千千米；有的相互重叠，纵横交错，山里套山，山外有山，连绵不断。山地的规模也不同，按山的高度分，可分为极高

青藏高原花海

山、高山、中山和低山。海拔在5000米以上的称为极高山，海拔在3500～5000米的称为高山，海拔在1000～3500米的称为中山，海拔低于1000米、高于500米的称为低山。它们以较小的峰顶面积区别于高原，又以较大的高度区别于丘陵。

山脉是山地的一部分，指呈线状延伸的山体，是山地中主要山体的集合，多呈条带状分布，向两个方向延伸。几个相邻的山脉，若在成因上相联系，并沿一定走向规律分布，还能组成山系。

大地舞台——高原

高原，就像它的名字一样，给人以威武的感觉，像极了一位性格粗犷的“七尺男儿”。我国著名的四大高原分别是青藏高原、黄土高原、云贵高原和内蒙古高原。高原的面积较大，顶面起伏较小，周边往往是比较陡峻的地区。放眼望去，高原昂然挺立，被人们形象地称为“大地舞台”。

丘　陵

地表形态起伏和缓，海拔大致在500米以内，相对高度不超过200米，由连绵不断的低矮山丘组成的地形，叫作丘陵。中国自北至南主要有辽东丘陵、山东丘陵和东南丘陵等。其中东南丘陵还可分为江南丘陵、两广丘陵、浙闽丘陵等。

丘陵地区，尤其是靠近山地与平原之间的丘陵地区，由于有山前地下水与地表水供给而水量丰富，自古就是人类依山傍水，进行农耕的重要栖息之地，也是果树林带丰产之地。

“不毛之地”——沙漠

沙漠是指地面完全被沙覆盖、植物非常稀少、雨水稀少、空气干燥的地区。中国西北干旱区是中国沙漠最为集中的地区，约占全国沙漠总面积的80%，主要沙漠自西向东有塔克拉玛干沙漠、古尔班通古特沙漠、库姆塔格沙漠、柴达木沙漠、巴丹吉林沙漠、腾格里沙漠、乌兰布和沙漠及库布齐沙漠等。其中塔克拉玛干沙漠面积达33.76万平方千米，比3个浙江省还大呢，是中国最大的沙漠，也是世界上著名的大沙漠之一。

丘陵

沙漠并非真正的不毛之地，仔细观察，就会发现沙漠中藏着很多植物，也

“沙漠之舟”骆驼

有许多动物，沙漠里有时会有可贵的矿床，近代也发现了很多石油储藏。沙漠少有居民，资源开发也比较容易。沙漠气候干燥，它也是考古学家的乐土，在这里可以找到很多文物和很早的化石。

水中明珠——岛屿

岛屿是指四面环水并在涨潮时高于水面的自然形成的陆地区域，它们散处在海洋、河流或湖泊中，通常大的称“岛”，小的称“屿”，在狭小的地方集中两个以上的岛屿就叫岛屿群，大规模的岛屿群就叫群岛。

中国岛屿众多，岛屿面积大小相差很大，其中台湾岛最大，海南岛次之，崇明岛第三，这三个岛屿都是面积超过1000平方千米的大岛。

谷 地

地理上的“谷地”是指两山或两块高地之间的夹道或水道，包括河谷和峡谷。峡谷是狭窄而深的谷地，两边一般很陡峭，纵切面看上去像英文字母“V”，一般是河流强烈下切形成的。雅鲁藏布大峡谷是世界最大的峡谷。

水系

SHUIXI

水系是指河川流域内各种水体构成的水网系统。水系是一个相对的概念，多依照江河、湖泊等的支流和源流逐级形成的网状结构划分。以中国大陆的长江水系为例：长江及其水网构成的长江水系又可分为若干二级水系，其最大的二级水系为洞庭湖水系，由其一级支流湘江、沅水、资江、澧水及诸河组成。

中国四大水系

中国地域宽广，气候和地形差异极大，按照河流、湖泊的最终流向来划分，中国大致有四大水系：太平洋水系（也是主要水系，长江、黄河、淮河、珠江、海河、松花江、辽河七大水系及台湾的河流都属于太平洋水系）、印度洋水系（西南部部分区域，主要有雅鲁藏布江）、内陆独立水系（西部部分地区，主要有塔里木河）、北冰洋水系（西北部部分地区，主要有额尔齐斯河）。

三峡水电站

河流还分“内外”

没错，河流也要分“内外”——内流河与外流河。内流河就是不能流入海洋的河流，外流河当然是能直达海洋的河流啦！

长江

鄱阳湖

中国南部、东部和北部的河流基本都是能直奔大海的，属于外流河。南方河流水流量大，水位随季节变化较小，汛期较长，含沙量小，没有结冰期；北方除黑龙江等少数河流以外，河水的流量小，水位随季节变化大，汛期较短，含沙量大，有结冰期。中国西北地区降雨量相对较少，气候干燥，这里的河流就显得有点儿“小气”了，因为它们没有多余的水用来赠送给大海，这就是内流河了。这样的河流，最典型的是塔里木河，它是中国最大的内流河！

湖泊也有咸淡

说到湖泊，它们可是中国大地上一颗颗璀璨的明珠哇！可是你知道吗？湖泊也是分咸淡的——咸水湖的水咸，淡水湖的水淡。

中国淡水湖中著名的有鄱阳湖、洞庭湖、太湖、洪泽湖和巢湖等。咸水湖最著名的要数青海湖了，青海湖的水相当咸，比咸菜还要咸！

我们都知道海水是咸的，可你有没有想过，青海湖的水和大海的水相比，谁更咸？留个悬念吧，好奇的同学可以亲自去验证一下！

趣味地理

海洋淡水

我们都知道海水是咸的，可海洋中有没有淡水呢？回答是肯定的。在中国闽南的古雷半岛东面，有一个盛产紫菜的小岛叫菜屿，距该岛约500米处的海面上有一处奇异的淡水区，叫作“玉带泉”，这一带渔民和来往船只都在此补充淡水。

气候

QIHOU

中国气候的特点

中国气候有三大特点：显著的季风特色、明显的大陆性气候和多样的气候类型。

1.显著的季风特色

中国绝大多数地区属于季风性气候区，冬夏气温相差很大。冬季气温大多很低，而且越是往北，你见到大雪的机会就越多，尤其在黑龙江省的漠河，那里可真是“千里冰封，万里雪飘”哇！

夏天

相反，到了夏季，北半球获得太阳光热比较多，加上夏季盛行夏季风，中国大部分地区气温偏高，像吐鲁番、重庆、武汉这样的城市就享有“火炉”之称。近年来，全球气温持续升高，中国的“火炉”城市还有增多的趋势，真是令人担心啊。

2.明显的大陆性气候

中国的大陆性气候表现为：和世界同纬度的其它

地区相比，中国冬季气温偏低，夏季气温偏高，气温年差较大，降水集中于夏季。

3.多样的气候类型

由于中国幅员辽阔，地形复杂，因而具有多种多样的气候类型。我国的气候带由南向北依次是热带、亚热带、暖温带、中温带、寒温带。

冬天

降水的季节变化

气温与降水的关系简直是密不可分哪！在中国，夏季气温高，大部分地区温暖潮湿，降水多，南方地区甚至会出现台风、暴雨这样的极端天气；冬季除了降雪丰富的地区外，很多地方的降水都少得可怜。

总体来说，各地的降水量从东南沿海向西北内陆递减，东南沿海的年降水量多在1600毫米以上，西北部分地区年降水量在50毫米以下。

气候也有优缺点

没错，任何事物都有可爱与讨厌两面，气候也不例外！当它温顺可爱的时候，温度适宜，降水平衡，植物生长繁茂；当它冷漠暴躁的时候，简直令人难以忍受——干旱、水灾、寒潮、霜冻、台风接踵而至，真让人头疼！中国东南沿海地区就经常遭受台风、暴雨等恶劣天气的袭击。

霜冻

干旱的沙漠

自然资源

ZIRAN ZIYUAN

地球是一个“大好人”，她无私地奉送给我们许多自然资源——风、水、土地、森林、煤、石油、铁矿、天然气……中国自然资源种类多，许多自然资源数量位居世界前列，向来有“地大物博”之说。不过中国人口也多，人均占有的资源就只一点点了，所以我们还是要节约资源。

胡杨林

深埋在地下的宝藏

什么？把宝藏埋在地底下？是的，你见过谁把金条、银条摆在大街上吗？把宝藏埋在地下，那才安全哪！“藏宝洞”的名称就是这么来的。中国的“藏宝洞”非常多，里面藏着比金子、银子还贵重的东西，比如煤、石油、铁矿、铜矿等，这些都是矿产资源，在我国不仅储量多、种类全，分布还很有规律，比如云南的东川铜矿、个旧锡矿，东北地区的煤矿和铁矿等，它们的分布极其规律，给人们的开采带来了很大便利！

紫水晶

地球的绿色保护神

地球的绿色保护神是谁？当然是森林资源！森林既可以防止水土流失，又可以美化环境，还是许多珍禽异兽的栖息地。

中国的森林资源主要集中在东北地区，这里是中国的主要天然林区；青藏高原南部也是长江上中游许多支流的森林涵养水源地；南方多山区，是森林的显著覆盖地，因为气候条件好，适合种植特色林木；华南的热带季雨林，西北的胡杨林、云杉林等林木资源是中国珍贵的森林资源。

油气钻井平台

多样的生物资源

中国地域辽阔，地形复杂，气候多样，生物资源自然也就格外丰富。据统计，中国有种子植物276科，3109属，25700余种，真是种类繁多呀！中国还是世界上动物资源比较丰富的国家，光陆栖脊椎动物就有2100多种，约占世界陆栖脊椎动物的10%，其中，鸟类有约1200种，兽类有400多种，两栖类有约200种。

丰富的海洋资源

你可千万别以为大海就是供人们观光、打鱼的，其实大海可以开发的资源很多，比如海水、生物、矿产、潮等，所以大海是一个无价之宝！

中国的自然海域面积约470万平方千米，属于中国管辖的海域大约有300万平方千米。所以说，中国还是个海洋资源丰富的国家呢！相信大海还能为我们作出更大贡献！

海洋

政区划分

ZHENGQU HUAFEN

政区是国家为了方便进行行政管理而分级划分的区域，中国现行的行政区划分为四级：第一级为省、自治区、直辖市，与之平级的是两个特别行政区（香港和澳门）；第二级为地区、盟、自治州、地级市；第三级为县、自治县、旗、自治旗、县级市等；第四级为乡、民族乡、镇。

紫荆花雕塑

香港维多利亚港

特别行政区“特”在哪儿

“特别”就是不一样的意思。中国有两个特别行政区——香港、澳门。国家对这两个行政区实行与大陆其它省市不一样的管理：

1. 除在外交和国防方面服从中央政府外，拥有高度自治的行政管理权、立法权、独立的司法权和终审权。

2. 可以实行独立的财政预算，中央政府不征税。

3. 中央政府不干预特别行政区的内部事务。

4. 特别行政区人民的各种合法权益以及外国人和侨胞在特别行政区内的私人投资，均予以法律保护。

什么是“盟”“旗”

蒙古包

在中国的绝大多数省、市、县，都没有“盟”和“旗”这样的说法，它们是内蒙古自治区一些行政区域的专用称谓。这是因为，内蒙古自治区和内陆多数省份从古时候起，就有着不同的政治、文化，所以对于不同级别的行政区域的称呼也不一样，这种差别一代又一代地传承下来，直到今天。

简单说来，内蒙古自治区的“旗”是县级行政区划，相当于县；“盟”是地级行政区划，相当于地区或地级市。

自治区是什么

自治，就是自己治理、管理自己。中国的自治区，指的是在国家规定的法律条文范围内，对某个区域进行自主的治理、管理。中国总共有5个自治区：内蒙古自治区、新疆维吾尔自治区、宁夏回族自治区、广西壮族自治区和西藏自治区。

这5个自治区在国家的统一领导下，以少数民族聚居的地方为基础，由少数民族同胞自己当家做主，管理本民族内部地方事务。民族自治区享有宪法、民族区域自治法和其他法律规定的民族自治权，这种制度称为“民族区域自治制度”，民族区域自治制度是中国的一项基本政治制度。

西藏自治区秀丽风光

华夏民族

HUAXIA MINZU

“华”指的是大约五千年以前，黄河流域中下游一带的“华山”；“夏”则是同一时期，黄河流域中下游的“夏水”。相传那时候，在华山与夏水之间，分布着许多小部落，后来部落与部落之间，经常会爆发兼并战争，渐渐地，小部落少了，大部落越来越大，最后最大的两大部落——炎帝部落和黄帝部落也融合到一起，形成了“华夏民族”。

中华合符坛

民族大融合

一个有生命力的民族，无时无刻不在运动、发展、变化，比如生活在中原地区的许多民族部落，经过长期的通婚、战争、结盟、通商等交往，逐渐渗透、融合，思想、习惯、文化等方面也逐渐统一，最终形成民族大融合，华夏族这个大家庭可谓兴旺发达。

公元前221年，秦始皇统一中国，一个幅员辽阔、人口众多、空前统一的中央集权国家出现了。从此以后，华夏族也曾被称为“秦人”“汉人”，甚至“唐人”，而后来的“中华民族”，则涵盖了中国境内所有（56个）民族。

反映民族团结的邮票

2

第二章

首善之区
——北京市

【简称】京
【别称】燕京、幽州
【面积】约1.6万平方千米
【行政区划】辖14个区、2个县
【地形】山地占全市总面积一半以上，中、南、东南部属华北平原，地势西北高、东南低
【气候】暖温带半湿润大陆性季风气候
【民族】汉、回、满、蒙古、朝鲜等族
【风景名胜】故宫、八达岭长城、天坛、颐和园等

把北京市比喻为祖国的心脏，可一点儿也不为过。北京市位于华北平原的西北端，东南部与天津相邻，其他地区均与河北相接，是全国政治、经济、文化中心，自古就有“天府”“神京”之称。北京吸引世人目光的可不止这些，古迹遗址、民俗风情等应有尽有。

地形特征

DIXING TEZHENG

北京就像一颗闪亮的明珠，俏生生地镶嵌在广袤的华北大地上。它的西、北两面被两条青翠巍峨的山脉——太行山山脉、燕山山脉——包围，它们仿佛就是为了北京而存在的。两条山脉在南口附近形成了一个向东南展开的半圆形的小平原，小平原由许多“冲积扇 ”组成，北京城就位于永定河“冲积扇 ”上。假如从飞机上往下看，你一定会为北京惊人的地貌之美所倾倒！

千古长城

长城，在中国的古代，肩负着抵御外敌的军事防御作用。北京市境内现存长城主要为明代所建，从东到西横跨平谷、密云、怀柔、延庆等六个区县，总长度约629千米。著名的景点有八达岭长城、慕田峪长城、司马台长城、箭扣长城、古北口长城等。

八达岭长城是现存明长城中保存最好的一段，位于北京市延庆县军都山关沟古道北口，是明长城的一个隘口。八达岭长城是明长城向游人开放最早的地段。八达岭长城景区以其宏伟的景观、完善的设施和深厚的文化历史内涵而著称于世。攀登八达岭长城，去找一找著名的“好汉石”吧。

万里长城

气候和资源

QIHOU HE ZIYUAN

北京兰

北京的气候属暖温带半湿润大陆性季风气候，四季分明，春秋短促，冬夏较长，年平均气温10℃～12℃，七月份最热，全年降水量500毫米～700毫米，降水主要集中于夏季。北京的植被非常好，你去百花山、妙峰山、东灵山等地方看看就知道了。不仅如此，北京的矿产资源也很丰富，其中煤矿、铁矿还是“矿业老大哥”呢！文明之都北京还是一座水汽氤氲的城市。众多河流仿佛商量好的，从容不迫地自西北流向东南，又嘻嘻哈哈地汇聚到海河、蓟运河组成的大家庭。也有些河流贪玩，走着走着停下来，形成了大大小小的湖泊、水库。

香山红叶

香山又叫静宜园，位于北京海淀区西郊，距市区约20千米，全园面积160公顷，因山中有巨石形如香炉而得名，是北京著名的森林公园。每到秋天，漫山遍野的黄栌树叶红得像火焰一般，霜后呈深紫红色。这些黄栌树是清代乾隆年间栽植的，经过200多年的发展，逐渐形成大片黄栌树林区。登上香山极目远眺，远山近坡，鲜红、粉红、猩红、桃红，层次分明，瑟瑟秋风中，似红霞排山倒海而来，瑰奇绚丽。

香山红叶

祖国心脏

ZUGUO XINZANG

北京是世界上著名的文化古都。中华人民共和国成立后，北京作为新中国的首都，古貌换新颜，焕发出勃勃生机，成为祖国的心脏，维系着全国人民。而天安门及其广场一带，处在北京市的中心位置，在人们心中更有着特殊的神圣地位。

共和国的象征——天安门

天安门原名承天门，坐落在北京市的中心，故宫的南端，与天安门广场隔长安街相望，始建于明朝永乐十五年（1417年），原是明清两代北京皇城的正门。天安门由城台和城楼两部分组成，造型威严庄重，气势宏大，是中国古代城门中最杰出的代表。

1949年10月1日，在这里举行了中华人民共和国的开国大典，它由此被设计入国徽，并成了中华人民共和国的象征。

天安门

永远的纪念——人民英雄纪念碑

人民英雄纪念碑矗立在天安门广场中央，与天安门遥遥相对。它是中华人民共和国政府为纪念中国近现代史上的革命烈士而修建的纪念碑，在1958年建成。

人民英雄纪念碑

人民英雄纪念碑呈方形，占地面积为3000平方米，分台座、须弥座和碑身三部分，总高37.94米。碑身正面（北面）碑心是一整块石材，镌刻着毛泽东题写的“人民英雄永垂不朽”八个鎏金大字。背面碑心由7块石材构成，内容为毛泽东起草、周恩来书写的150字碑文。碑座四面有反映中国近现代革命历史的浮雕。

重要的场所——人民大会堂

人民大会堂位于天安门广场西侧，西长安街南侧。人民大会堂是中国全国人民代表大会开会的地方，是全国人民代表大会和全国人大常委会的办公场所。它是党、国家和各人民团体举行政治活动的重要场所，也是国家领导人和人民群众举行政治、外交、文化活动的场所。

人民大会堂

皇家气象

HUANGJIA QIXIANG

紫禁城

有个词语叫“游人如织”，生动地反映了北京故宫的旅游盛况。可是在古代，故宫哪里是平民百姓能进的地方啊！因为它是明清两代的皇宫，又叫“紫禁城”。如今故宫成了世界著名的博物院，除了举世闻名的古代宫殿建筑群，还有珍贵的文物藏品。这些藏品绝大多数是明清两代的皇家收藏，种类齐全，汇集了天下奇珍！

故宫

明十三陵

明十三陵坐落于北京市昌平区天寿山麓，总面积120余平方千米，距离天安门约50千米。十三陵地处东、西、北三面环山的小盆地之中，陵区周围群山环抱，中部为平原，陵前有小河曲折蜿蜒。自永乐七年（1409年）建长陵，到明朝最后一帝崇祯葬入思陵止，其间230多年，先后有13位皇帝葬在这里。这些皇陵依山而筑，分别建在东、西、北三面的山麓上，形成了体系完整、规模宏大、气势磅礴的皇家陵寝建筑群。

祭天和祈祷丰收的地方

天坛，在北京市南部，东城区永定门内大街东侧，占地约273万平方米。天坛始建于明永乐十八年（1420年），清乾隆、光绪时曾重修改建，为明、清两代帝王祭祀皇天、祈五谷丰登之场所。天坛是圜丘、祈谷两坛的总称，有坛墙两重，形成内外坛，坛墙南方北圆，象征天圆地方。天坛的主要建筑在内坛，圜丘坛在南、祈谷坛在北，二坛同在一条南北轴线上，中间有墙相隔。圜丘坛内主要建筑有圜丘坛、皇穹宇等，祈谷坛内主要建筑有祈年殿、皇乾殿、祈年门等。

天坛祈年殿

送给母亲的花园

颐和园是中国现存最完整的皇家园林。园内风景美得醉人，单是古色古香的殿堂楼阁、亭台水榭等建筑就有3000余间。颐和园前身为“清漪园”，是清代乾隆皇帝于1750年建来给母亲祝寿的，然而1860年，这个皇家园林却被英法联军一把火焚毁！28年后，慈禧太后重建清漪园，并改名为“颐和园”。到了1900年，颐和园又惨遭八国联军破坏，1902年再次修复。

北京颐和园

现代风貌

XIANDAI FENGMAO

水立方

最昂贵的“鸟巢”

这个“鸟巢”可不是一般的鸟巢，它用钢筋水泥建成，造型独特，是专门为2008年第29届夏季奥林匹克运动会而建的国家体育场。场内十分宽敞，在这里举行了奥运会、残奥会开闭幕式、田径比赛等。

奥运会结束后，鸟巢就成为北京市民广泛参与体育活动及享受体育娱乐的大型专业场所，并且成为具有地标性的体育建筑和奥运遗产。来到北京，一定要去看鸟巢！

鸟巢

距离鸟巢不远的水立方，是一处十分具有现代时尚气息的建筑，它是为2008年奥运会特别修建的主游泳馆，也是北京奥运会的标志性建筑物之一，吸引了无数中外游客。

北京CBD

北京商务中心区，简称“北京 CBD”，地处北京市长安街、建国门、国贸和燕莎使馆区的汇聚区。这里是惠普、三星、德意志银行等众多世界500强企业中国总部所在地，也是中央电视台、北京电视台等传媒企业的新址所在地，是国内众多金融、保险、地产、网络等高端企业的所在地，拥有众多微型信贷服务机构，是金融工具的汇集之处，代表着时尚的前沿。同时，CBD又是无数中小企业创业和成长的摇篮。

北京CBD

京韵京味儿

JINGYUN JINGWEIER

礼制森严的四合院

没到过北京的人，第一次见到北京的四合院，一定会大吃一惊！北京的四合院有严格的“前堂后寝”的礼制规格，且东、西、南、北四面的房屋紧紧地连在一起，形成一个方方正正的“口”字形。这正是北京传统的民居形式，在辽代就已初具规模，经金、元，至明、清，逐渐完善，现今已经成为北京独特的“京味儿”风格的代表。

北京四合院

北京四合院大多坐北朝南，院门都开在东南角，门内迎面是影壁，院内房子分正房、厢房、倒座房，除了正房必须朝南外，还有“左厨右厕”的老规矩。北京四合院还有大、中、小之分，大的四合院房屋由南向北层层递进，一进接一进，真是像迷宫一般有趣哇！

四通八达小胡同

到北京游玩的朋友经常会问：“北京的胡同在哪里？”告诉你一个最简单的办法：哪里有四合院，哪里就有胡同！大大小小的四合院一个紧挨一个排列着，它们之间的通道就是胡同。

据统计，北京城内有街巷名称的胡同总共有4000多条，很多胡同的名字还是从明清一直沿用至今的呢！有些胡同的名字稀奇古怪，又与老百姓的生活息息相关，比如金鱼胡同、帽儿胡同、柴棒胡同、米市胡同、南锣鼓巷等，是不是很有趣呢？

北京胡同

乡土大观

XIANGTU DAGUAN

酸馊好豆汁儿

梁实秋说："能喝豆汁儿的人才算是真正的北平人。"北京豆汁儿，其实就是绿豆做完粉丝或淀粉制品后剩下的绿不拉叽的下脚料发酵成的汤水，但在北京，它既是"酸奶"，又是四季必喝的"饮品"。很多人第一口喝豆汁儿，脸色和豆汁儿交相辉映，变得惨绿。很少有人第一次喝豆汁儿就能习惯的，要知道，很多嗜喝豆汁儿的老北京人也是小时候被长辈用筷子蘸一点点咂巴着才喝习惯的。但也许认识北京，真的得从喝豆汁儿开始。

北京炸酱面

有讲究的炸酱面

北京人爱吃面，爱吃酱，炸酱面可谓极好地满足了人们的口腹之欲。北京人吃炸酱面非常有讲究，吃的时候，冷天讲究吃"锅儿挑"热面，热天吃过水凉面，并且根据季节再佐以时令小菜，做"面码儿"。

"面码儿"按时令不同，也各有讲究。初春，是掐头去尾的豆芽菜、小水萝卜缨；春末是青蒜、香椿芽、青豆嘴等；初夏则是新蒜、黄瓜丝、扁豆丝、韭菜段等。哎呀，这会儿你是不是已经开始流口水了呢?

北京烤鸭

来了北京没吃到烤鸭，那真要发出"不到长城非好汉，不吃烤鸭真遗憾"的感叹了，烤鸭早已成为北京的一张"名片"。

来北京吃烤鸭首选的地方当然是全聚德，这可是中华老字号，北京的骄傲。百年传承的挂炉烤鸭技艺烤出来的鸭子表面金黄油亮，外酥里嫩，别有一番鲜香的味道。

吃北京酥皮烤鸭也很有意思。吃时，不能狼吞虎咽，而是以利刀将其削为薄片，将烙制好的荷叶饼涂上甜面酱，然后放上香葱、蒜泥、烤鸭片等卷而食之，最为香美，吃起来又甜又软又酥，细腻、滑润。

北京全聚德

老北京涮羊肉

老北京涮羊肉，正宗老北京火锅的风味，传承老北京涮羊肉的特点，采用铜锅炭火。老北京涮羊肉最常见的做法是将羊肉剔好后压紧冷冻，用时再用快刀或刨片机刨成薄片。但是更为传统也更为美味的做法是用新鲜的羊肉片，涮好后蘸蘸料食用，鲜羊肉涮制后比冻肉更为鲜嫩。涮料除了羊肉之外，还可有牛百叶、白菜、粉丝、冻豆腐等。

春节庙会及花会

北京春节期间，最热闹的要数庙会和民间组织的各种花会。旧时的北京城内及郊区，共有700余座庙宇，春节期间，大小庙宇均向香客、游人开放。在庙内及门前设有集市，称作庙会。这种集市一直保留到今天，现今北京庙会以白云观、大钟寺、东岳庙等处最为著名，春节期间，这几处的庙会可谓是人山人海。郊区的花会在春节期间最为活跃，几乎村村都有，花会表演的项目繁多，有高跷、旱船、太平鼓、地秧歌、幡会、舞师等。有些村子还要搭上大棚，悬灯结彩，表演各种节目。

北京庙会上看拉洋片的孩子们

名人掠影

MINGREN LÜEYING

人民艺术家——老舍

老舍

老舍（1899—1966），满族，北京人，原名舒庆春，上学后，自己更名为舒舍予，含有“舍弃自我”，亦即“忘我”的意思。他是中国现代小说家、戏剧家，因《龙须沟》的成功成为新中国第一位获得“人民艺术家”称号的作家。其代表作有《骆驼祥子》《四世同堂》《茶馆》等。

名人趣话

献“丑”作诗的老舍

一天，许多青年人向老舍请教怎么写诗，他谦逊地说自己只是瞎凑。然后他当场就“瞎凑”了一首别致的五言绝句：“大雨洗星海，长虹万籁天；冰莹成舍我，碧野林风眠。”这首诗意境开阔，韵味无穷，仅20字就把孙大雨、冼星海、高长虹、万籁天、谢冰莹、成舍我、碧野、林风眠的名字“瞎凑”在了一起，令人惊叹不已。

中国戏曲一代宗师梅兰芳

梅兰芳（1894—1961），出生于北京的一个梨园世家，名澜，又名鹤鸣，乳名裙姊，字畹华，别署缀玉轩主人，艺名兰芳。梅兰芳是近代杰出的京昆旦行表演艺术家，他11岁登台，是京剧“四大名旦”之首，“梅派”艺术创始人；同时也是享有国际盛誉的表演艺术大师，其表演被推为“世界三大表演体系”之一。

位于北京西城区护国寺街的梅兰芳纪念馆

3

第三章

林海雪原

——黑龙江省

【简称】黑
【省会】哈尔滨市
【面积】约46万平方千米
【行政区划】辖12个地级市、1个地区、64个市辖区、18个县级市、45个县、1个自治县
【地形】西北部、北部和东南部高，东北部、西南部低
【气候】温带大陆性季风气候
【民族】汉、满、朝鲜、回、蒙古、达斡尔、锡伯等族
【风景名胜】镜泊湖风景名胜区、五大连池风景名胜区、太阳岛风景名胜区等

黑龙江省是中国最靠近东北边境的省份。北国风光，虽不如江南婉约秀美，可北风呼啸中飘舞漫天雪花，也绝对是不可错过的风景。走在省会哈尔滨的中央大街上欣赏欧洲风情建筑，或者在太阳岛上漫行，都是不错的选择。如果这些还不够的话，再给您来份正宗的大列巴和红肠怎么样？

地形特征

DIXING TEZHENG

黑龙江的形状大体上像一块西北高、东北略低、格子分布不太规则的棋盘。这里的平原、山地像调皮的“小兄弟”，你中有我，我中有你，交叉分布，又势均力敌。如果你想领略平原的广阔无垠，来吧！三江平原、松嫩平原欢迎你；如果你想进山悠闲漫步，来吧！大、小兴安岭会给你无限惊喜！

大兴安岭

“双面美人”兴安岭

兴安岭雄踞在黑龙江省北部以及东北部。可有意思的是，好端端的大山脉在中国偏偏被嫩江一分为二，分成大兴安岭和小兴安岭！然而这一分割，却也造就了令人惊讶的奇景，因为这一大一小两位“兴安岭美人”无论气候，还是景致都各有特色。

大兴安岭有“绿色宝库”的美称，更令人称奇的是，这里动物种类与数量繁多，“棒打獐子瓢舀鱼，野鸡飞到饭锅里”，那是多么令人向往的情景！要是严冬时节去松花江，你还能看到许多人在冰上刨、锯，用汽车拉走巨大的冰块准备制作冰灯呢！

小兴安岭与大兴安岭相比，更是一个矿产丰富、景色奇美的天然大公园。这里不仅有举世闻名的东北虎，更有惊险刺激的滑雪场等着你惊叫连连。

气候和资源

QIHOU HE ZIYUAN

春耕图

黑龙江位于中国东北地区最北部，黑龙江省大部属于温带大陆性季风气候，冬季漫长、严寒、干燥，夏季温暖、短促、多雨，冬夏温差十分大。怕冷的朋友冬天来到这里可不要在户外跑得太远，因为一不小心会冻伤的！

黑龙江的严冬虽然令人不寒而栗，但丰富的资源却令人喜笑颜开。目前在黑龙江省发现的矿产有100多种，石油、天然气、石墨、铅等，更是鼎鼎有名哟！黑龙江的森林资源也是不可忽视的，要不然大、小兴安岭“两位美人”可就要噘嘴啦！

在黑龙江这片美丽神奇的土地上，著名的额木尔河、呼玛河、逊别拉河、松花江和乌苏里江一路欢唱着向前奔流。因为水的滋润，流域内森林茂密、土质肥沃、物产丰富。鱼们也乐意在这儿安营扎寨，这里有上百种鱼呢！鳇鱼、大马哈鱼就是这里的特产。想吃鱼的朋友们，可以行动喽！

东北虎

时光机的任意门

SHIGUANGJI DE RENYIMEN

孔子在这里

来到哈尔滨，有一个地方不得不去，那就是哈尔滨文庙。文庙是祭祀孔子和讲学传道的场所。说到文庙，不得不提平安杠。平安杠是文庙的门闩，唐朝时，“翘关”为武举考试科目，这个“翘关”就是举门闩。古代参加科举的考生，考前一定要摸一摸、举一举平安杠，以图吉祥、万事顺利。如果你来文庙也赶快去摸一摸平安杠吧，看看它是不是像传说中的那样灵验。

哈尔滨文庙孔子雕像

圣索菲亚大教堂

哈尔滨圣索菲亚大教堂是20世纪远东地区最大的东正教教堂，气势恢宏，精美绝伦。教堂的墙体全部采用清水红砖，上冠巨大饱满的洋葱头穹顶，统率着四翼大小不同的帐篷顶，形成“主从”式的布局，4个楼层之间有楼梯相连，前后左右有4个门可以供人出入。正门顶部为钟楼，7座铜铸制的乐钟恰好有7个音符，由训练有素的敲钟人手脚并用，敲打出抑扬顿挫的钟声。

巍峨壮美的圣索菲亚教堂，造就了哈尔滨独具异国情调的人文景观和城市风情，同时，它又是沙俄入侵东北的历史见证和研究哈尔滨市近代历史的重要遗迹。

圣索菲亚大教堂

别样风情笑神州

BIEYANG FENGQING XIAO SHENZHOU

被“异化”的城市

冰雕

与北京的端庄大方不同，哈尔滨是一座洋味十足的浪漫都市。很早以前，欧美人就亲切地称它为“东方的莫斯科”“东方小巴黎”。

哈尔滨是一座从来没有过城墙的城市，古代曾经是肃慎（中国古代东北民族，是现代满族的祖先，又称“息慎”“稷慎”）和女真（古代生活于东北地区的古老民族，源于肃慎）的故地，后来则是金、清两代王朝的发祥之地。几千年来，这里是满、达斡尔、鄂伦春、锡伯、鄂温克等30多个民族休养生息的地方。100多年前，这里又来了许许多多国外的移民，这些外国流亡者，把哈尔滨造就成了一座具有异国情调的城市。

冰雪总动员

哈尔滨不仅有壮美的自然风光、浓郁的欧陆风情，一年一度的国际冰雪节更是让游客如置身在彩色城堡中。

说到迪士尼乐园，你一定会想到美国加利福尼亚州、佛罗里达州、法国巴黎、日本东京、中国香港的迪士尼乐园，如果我告诉你，哈尔滨也有迪士尼乐园，你一定会大吃一惊吧。不过哈尔滨的这个迪士尼乐园是在松花江上修建的冰雪迪士尼乐园。这里有冬泳比赛、冰球赛、雪地足球赛、高山滑雪邀请赛、冰雕比赛、冰上速滑赛、冰雪节诗会、冰雪摄影展、图书展、冰雪电影艺术节、冰上婚礼等。是不是心动了？如果你也想体验、触碰一番冰雪的“冷”快乐，从此刻起就准备好尖叫吧！

哈尔滨中央大街

旅游民俗

LÜYOU MINSU

晶莹剔透的冰雕

冰雕就是一种以冰为主要材料来雕刻的艺术形式，也是冰灯游园会中大量运用的造型艺术之一。如果你去了黑龙江，不仅能看到各种各样漂亮的冰雕作品，还能亲自体验丰富多彩的冰雕活动呢！

比如把饮料预置于冰雕里面，摆放在人流量比较大的地方，随着冰雕慢慢融化，饮料就会裸露出来，这种“融冰露饮”的期待，让人感到新奇和满足。

还可以将某种商品冻结在很大的冰雕中，游客自带工具砸冰（禁止使用危险工具），每砸一次30秒，可循环无限次排队。谁砸开冰，就把商品奖给谁。

这些体验活动有意思吧？有时间来体验一番吧。

比汽车还棒的爬犁

“哧啦！嗤！”咦？在那白雪茫茫的远方，飞奔过来一个黑影，那是什么？速度怎么如此之快？近了，近了，原来是爬犁！嘿，这种由动物拉动的交通工具比汽车还棒哟：汽车在雪地上根本开不起来，可是它行！

爬犁是东北地区常见的冬季交通工具，爬犁既可以坐人，也能载物，一般使用牛、马、狗等拉动。在旷野中、冰河上疾驶，狗更能适应这种自然环境，一天可以奔驰一百多千米呢！

想象一下：一群狗身上冒着热气在雪原上奔跑，主人的响鞭炸开了树上的霜花，辽阔的雪野一望无垠。这是多么有趣的民俗风情啊！

狗拉爬犁

舌尖美味

SHEJIAN MEIWEI

哈尔滨红肠

哈尔滨红肠

哈尔滨红肠，原产于东欧的立陶宛。中东铁路修建后，外国人大量进入哈尔滨，也将制作的红肠工艺带到了哈尔滨。哈尔滨红肠选料严谨，配方考究，加工精细，成品糯嫩，鲜美可口，不油腻，带有异国风味。

列 巴

列巴是俄语音译，即大面包，是极富特色的欧式食品。哈尔滨很多食品的名称都沿用了俄文译名，小的俄式面包叫“沙克”，面包干叫“苏克立”。黑龙江列巴个头儿很大，直径最大时可达1尺（约33厘米），重三四千克，和半个篮球差不多大小。列巴酸甜可口，松软香酥，贮存简单，吃的时候要切片就着黄油、苏波汤才有味道，因此，如果不是实在太饿的话，可不要买过来就抱着啃哟。

得莫利炖鱼

得莫利炖鱼是黑龙江美食之一，已有一百多年的历史。“得莫利”一词也是俄语的音译，指黑龙江省方正县伊汉通乡的得莫利村。由于这个村北靠松花江，这里的村民主要靠打鱼来维持生计，得莫利炖鱼是村里的特色菜肴。这道菜的主料是新鲜的活鲤鱼（也可以用鲇鱼、鲫鱼、嘎牙子鱼等）和豆腐、粉条，味道鲜美。

得莫利炖鱼

北国风光

BEIGUO FENGGUANG

黑龙江雪乡

温柔雪乡

雪乡原名双峰林场，它位于牡丹江市西南部海林市大海林林业局内。雪乡夏季多雨，冬季多雪，积雪期长达7个月，从每年的10月至次年5月积雪连绵，年平均积雪厚度达2米，雪量堪称中国之最，且雪质好，黏度高，素有“中国雪乡”的美誉。走入雪乡，皑皑白雪在风力的作用下随物具形，其状好似奔马、卧兔、神龟、巨蘑……千姿百态，展现在你眼前的雪屋、雪景，定会让你赏心悦目，深感不虚此行。

北极村

北极村是中国黑龙江省漠河县最北的村镇，同时也是中国最北的城镇。这里以夏夜星空的北极光和夏至前后的白夜胜景闻名。“北极村旅游风景区”是中国最北的旅游景区，它依山傍水，拥有纯朴的民风、浓厚的乡土气息和良好的生态环境。

你知道吗

萧红是中国文学史上极为优秀的女作家，她生于黑龙江省哈尔滨市呼兰区一个封建地主家庭。她的著名自传体小说《呼兰河传》描绘了东北边陲小镇呼兰河的风土人情，展示了她独特的艺术个性。哈尔滨市呼兰区有萧红故居，有时间你可以去看看。

第四章

4

一山三水
——吉林省

【简称】吉
【省会】长春市
【面积】约19万平方千米
【行政区划】辖8个地级市、1个自治州、60个县（市、区）
【地形】东部为山地，中西部为平原，地势东南高、西北低
【气候】温带大陆性季风气候
【民族】汉、朝鲜、满、蒙古、回等族
【风景名胜】长春市伪满皇宫博物院、长白山风景区、净月潭风景名胜区等

吉林省位于中国东北地区的中部，北接黑龙江省，南接辽宁省，西邻内蒙古自治区，东与俄罗斯接壤，东南部以图们江、鸭绿江为界，与朝鲜民主主义人民共和国隔江相望。各种独特景观、满族风情服饰等已经成了吉林的名片。让我们一路向北走去，看红叶"枫"一下吧！

地形特征

DIXING TEZHENG

吉林秋景图

吉林省的地势由东南向西北逐渐递降，分为东部山地和中西部平原两大地貌区。只不过，山地是"老大"，约占全省面积的36%，平原是"老二"，约占全省面积的30%，另外的则是丘陵和台地。爱好旅行的朋友可以去爬爬长白山，站在大山之巅，看看波浪一般起伏不定的吉林山水。

会喷火的"白头山"

长白山位于吉林省东南部。广义的长白山是指长白山山脉，绵延1000多千米；狭义的长白山指的是长白山山脉的主峰。长白山海拔高，山顶终年积雪。长白山还是一座休眠火山，在清朝时曾多次喷发。正因为如此，这里形成了神奇壮观的火山地貌、典型完整的动植物资源、富有北国情趣的冰雪风光。

趣味地理

干饭盆

干饭盆，本来是北方农家盛干饭的盆，大小不一，但是又深又圆。这里的"干饭盆"，却是指山里一些特殊的小盆地。在长白山有许多这样的小盆地，人一走进去，几天也走不出来。因为"干饭盆"里温度高，空气稀薄，人一进去，立刻就会头晕眼花，容易迷失方向。其次，"干饭盆"一个连着一个，一旦迷失在里面，就很难走出来了。这是不是很恐怖哇?

气候和资源

QIHOU HE ZIYUAN

丹顶鹤

吉林省属于温带大陆性季风气候，四季分明。吉林东部近海，气候湿润多雨；西部接近蒙古高原，气候干燥。

这里的主要通航河流有松花江、图们江和鸭绿江等。一般4月中旬至11月下旬为通航期。内河港口有大安港、吉林港、扶余港，年吞吐能力140万吨。

吉林省的植被类型多样，生态环境复杂，是野生动物良好的栖息地。森林中蕴藏着众多的动物资源，如东北虎、金钱豹、梅花鹿、紫貂、丹顶鹤等。

火山顶上的湖

长白山天池位于长白山主峰火山锥体的顶部，是中国最大的火山口湖，也是世界上海拔最高的火山湖，池水透明清澈。早在清代就有记录说天池中有一个怪物，“金黄色，头大如盆，方顶有角，长项多须”。近几年对怪物的发现和报道越来越多，到底有没有？科学家也没有解开这个谜。你想不想去看看这个神秘的天池呢？

长白山瀑布

长白山天池

北国春城

BEIGUO CHUNCHENG

长春电影城

长春电影城

长春电影城位于吉林省长春市，是影视拍摄基地。长春电影城集电影艺术、技术之大成，展示中外古今多民族建筑风格，具有很强的观赏娱乐价值。通过参观游览长春电影城既可以欣赏中华民族的建筑风格，感受民族习俗，又可以欣赏到世界各地的风光奇景，还可以了解电影的发展历史，这里是游人不可不去的旅游观光场所。

伪满洲国皇宫

位于长春市东北角的伪满洲国皇宫，是中国末代皇帝爱新觉罗·溥仪的宫殿。这座承载历史风雨的宫殿，包括大小建筑数十座，风格古今并陈、中外杂糅，曾经先后用作溥仪的“执政府”与“帝宫”。

这里虽没有北京故宫的富丽堂皇，也没有沈阳故宫的浓郁的满族特色和粗犷气息，可是远远望去，院内主体建筑的琉璃瓦顶金碧辉煌，庭院错落有致，仿佛有诉说不尽的繁华与落寞，等着你去倾听。

伪满洲国皇宫

旅游地图

LÜYOU DITU

吉林文庙的孔子行教像

吉林文庙

吉林文庙位于吉林省吉林市，是中国四大文庙之一，与曲阜孔庙、南京孔庙、北京孔庙并称。作为清朝在东北建立的第一座孔庙，吉林文庙既是清朝对汉文化传入东北的认可，更是汉文化与东北少数民族文化互通的历史见证。吉林文庙建筑群规模之大、等级之高，在封建社会所建的地方文庙中是独有的。吉林文庙中每一处建筑设施，都具有深刻的文化内涵。

五女峰

五女峰国家森林公园坐落在吉林省东南部鸭绿江畔，长白山南麓的老岭山脉，包括五女峰、小江南、洞天皓月、美容泉、老虎岩、抗联遗址、植物园、仙人台、观峰台、老岭松涛等景观。景区风景奇异秀丽，山高林密，大树参天，珍贵的松、椴、楸、桦树，青翠欲滴，华盖苍苍，山峦峰叠，陡峭挺拔，千姿百态，雄伟壮观。这里不仅是野兽、飞禽的乐园，而且还是关东三宝——人参、鹿茸、貂皮的产地，也是山珍的故乡。五女峰四季美景，各有千秋。春季暖风和畅，山花烂漫，是观花的季节；夏季草木丰茂，满目苍翠，是望绿的季节；秋季霜染枫叶，万山红遍，是看红的季节；冬季银装素裹，玉树琼花，是赏雪的季节。

五女峰仙人台

高句丽王城

高句丽王城文化遗址位于吉林省集安市，是高句丽王朝的遗迹。景区内有雄伟壮丽的海东第一古碑“好太王碑”，有气势恢宏的高句丽王陵——“东方金字塔”将军坟，有具有浓郁民族特色的高句丽王城“丸都山城”，有堪称“东北亚艺术瑰宝”的高句丽壁画墓“五盔坟五号墓”等知名景观。

圣洁的查干湖

查干湖，蒙古语为“查干淖尔”，意为白色圣洁的湖，位于吉林省西北部的前郭尔罗斯蒙古族自治县境内，处于嫩江与霍林河交汇的水网地区，纵长37千米，最宽处10千米，湖岸线蜿蜒曲折，周长达128千米。

查干湖环境优美、景色秀丽，盛产鲤鱼、鲢鱼、鳙鱼等。

查干湖冬捕的壮观景象

夏日的查干湖碧波万顷、水天一色，此时放眼百里大湖，烟波浩渺，令人心旷神怡、胸襟豁达。这时，你可以驾驶快艇在幽深宽广的湖面飞舟斩浪，或是乘竹筏穿行在曲径通幽的蒲苇长廊赏荷戏水，或是坐在小舟上悠然垂钓、赏鸥鸟齐飞。此情此景此种惬意只有身临其境才会更加回味悠长。

冬天的查干湖一片冰封，别有风味。每年冬天，都有大批的游客前往查干湖看当地渔民冬捕，近距离切身体会一番中国北方最后的渔猎部落的风情。

查干湖冬捕在每年冬季12月中旬到次年1月下旬（春节前）进行，渔民们在喧闹的鼓乐声和炸响的鞭炮声中赶往冬捕作业点，按照渔把头选择的地点，开始在湖面凿冰破洞，然后串杆下网，一张张数千米长的大网相距百余米一字排开。几个小时后，随着马拉绞盘的转动，一张张大网从“玉门”似的冰洞缓缓而出，两旁的渔民手持挠钩期待着万尾鲜鱼出“玉门”。一会儿的工夫，一条又一条的“胖头”、鲤鱼、鲫鱼、草鱼争相跃出冰洞，转眼之间就在湖面上码起一个个高高的鱼垛。渔民脸上挂着丰收的喜悦，游人带着惊奇的目光，这样壮丽的场面也只有在查干湖冬捕期间才能看到。

雾凇

雾凇

寒夜花开的奇迹

雾凇是吉林市一大奇观。每当雾凇来临，松花江岸十里长堤“忽如一夜春风来，千树万树梨花开”，柳树结银花，松树绽银菊，把人们带进如诗如画的仙境。有经验的人，都会把雾凇的观赏过程大致分为三个阶段：

1.“夜看雾”，是在雾凇形成的前夜观看江上出现的雾景。

2.“晨看挂”，是指早起看树挂，十里江堤的树木，一夜之间被染得一片银白。

3.“待到近午赏落花”，是说观赏树挂脱落时的情景。树挂先是一片一片地脱落，接着是成串地往下滑落，微风吹起脱落的银片，在阳光下形成了五颜六色的雪帘。

灵光塔

灵光塔坐落在吉林省长白朝鲜族自治县境内，已有1000多年的历史，是吉林省境内唯一的唐代渤海国古建筑遗迹。

相传在很久以前，地壳变迁时，万物倾覆，唯有此塔巍然耸立。它的造型奇特，令其灵光爽气，扑入眉宇。

灵光塔用青灰色方砖砌成，为楼阁式空心方塔，由通道、甬道、地宫、塔身和塔刹5部分组成。虽然经过千年风霜雨雪的侵蚀，砖已零星剥落，塔身也稍微倾斜，但它仍然坚如磐石，高耸入云。即使是剥落的碎片，也很坚硬，相对敲击时，发出的声音清脆悦耳，余音不断。

乡土风味

XIANGTU FENGWEI

猴头菇

朝鲜冷面

吉林延吉地区以朝鲜冷面著称。朝鲜冷面是一种广受欢迎的食品，因它是朝鲜族人发明的而得名。

正宗的朝鲜冷面一般在夏天食用。朝鲜冷面的做法是把面条煮熟后，用凉水过一下，再放进盐、醋、酱油等调味料，然后加番茄、黄瓜等做伴菜。吃的时候把伴菜与面条拌好，再配上咸菜或泡菜，还有辣酱，就可以了。

在整个制作过程中，辣酱是最难控制的，因为好辣酱难得呀！人们一般都用辣酱，不过也有用芥末酱的。俗语说："辣椒辣嘴，蒜辣心，芥末辣住鼻梁筋。"当伤风感冒鼻塞时，食用芥末，保证你的鼻子立即畅通。

猴头菇

你听说过"山中猴头，海味燕窝"这句话吗？在吉林省深山老林中有一种名贵的菌类——猴头菇。它是一种大型肉质菌，喜欢生长在阔叶树干断面或树洞中，幼小时呈白色，成熟后则变成毛茸茸的黄棕色，从形色上看很像毛猴的脑袋，所以人们称它为"猴头菇"。

猴头菇经过精心烹饪，肉嫩、味香、鲜美可口，有"素中荤"的美称。它还与鱼翅、熊掌、海参并誉为"四大名菜"呢！

朝鲜冷面

第五章

5

东方鲁尔
——辽宁省

【简称】辽
【省会】沈阳市
【面积】约15万平方千米
【行政区划】辖14个地级市、56个市辖区、17个县级市、19个县、8个自治县
【地形】地势自北向南、自东西两侧向中部倾斜
【气候】温带大陆性季风气候
【民族】满、蒙古、回、朝鲜、锡伯等族
【风景名胜】沈阳故宫、清盛京三陵（永陵、福陵、昭陵）、兴城古城等

辽宁省位于我国东北地区南部，南临黄海、渤海，东与朝鲜一江之隔，与日本、韩国隔海相望，是一个既沿海又沿边的省份。一条大辽河，奏响过多少勇士壮歌？一座帝王城，演绎过多少前朝往事？辽阔的黑土地，创造了多少工业奇迹？这里，处处都是火辣辣的东北风情！

地形特征

DIXING TEZHENG

辽宁省地势大体为北高南低，山地、丘陵分列于东西两侧，向中部平原下降。辽宁省按地貌可划分为三大区：东部山地丘陵区，西部山地丘陵区和中部平原区。从空中看向这里，它就像是中国这只雄鸡的“大下巴”。

千朵莲花山

千山位于辽宁省鞍山市东南，因为山峰总数为999，其数近千，故名“千山”。也因其峰似莲花，又名“千朵莲花山”。千山风景秀丽、景观奇特，奇峰、岩松、古庙、梨花等令人难忘。

千山天然弥勒大佛是千山的又一奇景，是一尊完全由整座山峰形成的、天然的坐佛。大佛左手五指分开，自然地放在膝盖上，右手握拳，手臂压在右腿上，胸前还隐约挂有佛珠，身上还有天然山洞形成的肚脐呢！

在千山慈云殿后面山路旁边有一处平坦的石面，敲击石面能发出木鱼的声音，因此名为“木鱼石”。游人从此经过都会好奇地敲一敲，听一听。相传嘉庆皇帝在千山寻找木鱼石，花费了3年的时间，踏遍千山的每一个角落，才找到了这块奇石。

千山

在罗汉洞的上方还有一块“无根石”，据说曹雪芹写《红楼梦》时就在这里生发过灵感。千山是一个神奇的地方，是一个迷人的地方，更是一个令人流连忘返的地方，你要来看看吗？

气候和资源

QIHOU HE ZIYUAN

赤狐

辽宁省地处亚欧大陆东部、中纬度地区，属于温带大陆性季风气候。境内雨热同季，日照丰富，四季分明，雨量不均，东湿西干。春季大部分地区日照不足；夏季前期日照不足，后期偏多；秋季大部分地区日照偏多；冬季日照明显不足。受季风气候影响，各地温度差异较大，自西南向东北，自平原向山区递减。辽宁省大小河流众多，流域广阔。全省动物种类繁多，矿产资源储量居全国前列。著名的动物资源有白鹳 、丹顶鹤、蝮蛇、爪鲵、赤狐、黑熊、海豹、海豚等。

美丽的鸭绿江

在辽宁，有一条美丽的江——鸭绿江。鸭绿江流经吉林、辽宁两省。站在鸭绿江的岸边，你就可以看到对岸的朝鲜。鸭绿江两岸青峰耸立，风光旖旎，江水蜿蜒曲折，急流险滩不断。云峰、老虎哨、水丰、太平湾等水电站，像明珠一样，神气地装点着鸭绿江。在美丽的鸭绿江上，还可以看到一座著名的桥——鸭绿江断桥。它是鸭绿江上的第一座桥，连接中国与朝鲜，始建于1909年。全桥有12孔，从中方数第四孔为开闭梁，原先可以开合，便于船舶航行，后于抗美援朝期间被毁。

鸭绿江

历史的脚印

LISHI DE JIAOYIN

清昭陵

清昭陵坐落在沈阳市区北部，又称“北陵”，是清太宗皇太极和孝端文皇后博尔济吉特氏的陵墓。清昭陵是清初“关外三陵”（沈阳市昭陵、福陵和新宾满族自治县永陵）中规模最大、气势最宏伟的一座，呈长方形。崇楼大殿掩映于苍松翠柏之间，成为著名风景区。

清昭陵

女真山城

赫图阿拉城是清王朝在塞外建的第一个都城，也是中国历史上最后一座山城式都城，更是迄今保存最完善的女真族山城。城内有一口具有500多年历史的古井，是内城唯一的水井，那就是被誉为“千军万马饮不干”的汗王井。汗王井井水充盈，俯身可取，清澈见底，清爽甘甜，严冬不封，酷暑清凉。据说，努尔哈赤曾掠夺了数以千万计的金银财宝，并把这笔宝藏秘密地运到了当时大金国都赫图阿拉城，并藏在这口汗王井内。大清宝藏真的藏在这里吗？至今谁也说不清。

两代汗王的宫殿

沈阳故宫位于沈阳市旧城中心，是中国现存仅次于北京故宫的最完整的皇宫建筑群。清代入关前，其皇宫设在沈阳，迁都北京后，这座皇宫被称作“陪都宫殿”“留都宫殿”。后来就称之为沈阳故宫。

沈阳故宫

沈阳故宫是清太祖努尔哈赤和清太宗皇太极营造和使用过的宫殿，融合了汉族、满族、蒙古族各民族建筑的特点。假如你想欣赏旧皇宫遗留下来的宫廷文物，那就去沈阳故宫博物院吧，据说在那里还可以看到努尔哈赤用过的剑以及皇太极用过的腰刀和鹿角椅呢！

兴城古城春和门

兴城古城

兴城古城位于葫芦岛市兴城，明称宁远卫城，清称宁远州城，呈正方形，是我国现存最为完好的四座明代古城之一。城墙外用青砖，内用石块砌成，其内城南北长约826米，东西宽约804米，顶宽5米，底宽65米，高10米，周长3260米。整个古城建筑，保持着明清时期风貌。兴城古城是明朝末年山海关外的防御重镇。

辽沈战役纪念馆

辽沈战役纪念馆

辽沈战役纪念馆是历史的丰碑，是人民的怀念。馆藏丰富的文物和史料，成为辽沈战役研究和展示中心。革命纪念性建筑与现代园林融为一体，成为全国著名的爱国主义教育基地和军事文化旅游的胜地。其中《攻克锦州》全景画馆为国内首创，被称为“中国第一馆”。全景画馆采用绘画、塑形、灯光、音响等多种艺术形式，生动地再现了辽沈战役的关键性战役——攻克锦州的宏大战争场景，是中国博物馆和美术史上的开山之作。

美丽海滨

MEILI HAIBIN

大海因你更生动

在距离大连海滨不远的地方，有一颗镶嵌在海面上的巨大“绿宝石”，它就是棒槌岛。棒槌岛是海面上一个突兀而立的小岛，远远望去，极像农家捣衣服用的一根棒槌，故称“棒槌岛”。

棒槌岛海岸婀娜多姿，山水风光优美，四周都是海蚀崖，怪石玲珑，千姿百态，这是大海的杰作。岛上土质肥沃，草木茂盛，有各种海鸟在此栖息。岛四周的海水清澈见底，各种海底动物以此为家。

快去看一看棒槌岛是不是长得像棒槌吧！

这个城市像葫芦

葫芦岛是一座美丽的海滨城市，它地处辽宁西南部，自东北而西南伸入海中，因形状头小尾大，中部稍狭，看起来像一个葫芦，所以叫“葫芦岛”。

葫芦岛气候很奇特，夏日凉爽，冬日海湾不冻，这在气候严寒的东北，可是

大连老虎滩公园

奇迹哟！葫芦岛还有一奇，就是海面上怪石嶙峋，像极了传说中的龙鳞，当地人说那是葫芦镇压的蛇怪的鳞片。不信，你可以亲自去看一看。

这个小岛像笔架

笔架山位于锦州市东南35千米的天桥镇，是近海中的一个连陆小岛。大笔架山上有吕祖亭、五母宫、三清阁等古建筑。其间有一条潮汐冲击而成的连接海岛与陆地的天然卵石通道，俗称“天桥”。这座天桥，随着潮汐的涨落而时隐时现，堪称佳景奇观。每当落潮时，海水便慢慢地向两边退去，通道便像一条蜿蜒的蛟龙浮现在海中；每当涨潮时，海水又从两边向“天桥”夹击而来，“天桥”在海浪中渐渐变窄，直至完全隐去。很神奇吧？如果你去的时候合适，不用坐船，就可以沿着这段石路登岛上山。

这个海滩红艳艳

红海滩位于盘锦市西南部，距市区约30千米。红海滩是大自然孕育的一道奇观。海的涤荡与滩的沉积，是红海滩得以存在的前提；碱的渗透与盐的浸润，是红海滩得以红似朝霞的条件。织就红海滩的是一棵棵纤弱的碱蓬草，她们每年4月长出地面，初为嫩红，渐次转深，10月由红变紫。她们不要人撒种，无需人耕耘，一簇簇，一蓬蓬，在盐碱卤渍里，年复一年地生生死死，死死生生，于光阴荏苒中，酿造出一片片火红的生命邑泽。你可以亲眼去感受一下那满眼红艳带给你的震撼。

盘锦红海滩

民俗与人文

MINSU YU RENWEN

别有“土”味

火炕

火炕是北方居室中常见的一种取暖设备，相当于在你家卧室的床下面放了个暖炉。火地与火炕一样，只是一个在地面上，一个在地面下而已。火地就是在地面下砌烟道，烘热地面，使热量在室内散发，增加室内的温度，和地暖差不多。因为东北冬天气候严寒，过去人们多用这样的方式取暖。在东北山区的满族人家，至今还保留着这种建房习俗。就是现在，许多城里人还要特意跑去体验一番呢！

沈阳秧歌扭不停

在沈阳的大街小巷，尤其是节假日期间，总是热闹异常。穿红着绿的人们敲着锣打着鼓，神情欢悦地跳着属于他们自己的舞蹈——秧歌。这是中国北方流传很广的一种民间舞蹈，几乎男女老少都会跳。

沈阳人尤其酷爱秧歌，他们舞得热烈、舞得豪放、舞得粗犷，令人振奋。每年，沈阳还会举办秧歌节，历时5～7天。今天，秧歌正以它独特的艺术形式走出国门，走向世界。

沈阳秧歌

地理趣谈——警惕死亡陷阱

大自然中有许多“致命杀手”，比如：响尾蛇，它身体的每一个部分都可以被伪装起来，甚至是眼球；食人鱼，这种贪婪的捕食者，有环环相扣的锋利的牙齿和极富侵略性的气质，是动物王国中致命的杀手；山猫，体型微不足道，却可以猎取像鹿一样大的动物……然而它们还不算是最可怕的，在中国还有许多看似风平浪静的“死亡陷阱”，那才是我们真正需要警惕的，因为那些地方不仅杀人如麻，而且至今也没人能确切解释究竟是为什么。

1 “中国的百慕大三角”——黑竹沟

四川黑竹沟，一条普普通通的小山沟，却因为变幻无穷的自然条件和关于它的一些神秘传说而显得神秘莫测，被称为“中国的百慕大三角”，让无数人在它面前止步不前。

一、神秘失踪之谜　人畜进入黑竹沟屡屡出现失踪和死亡事件。据不完全统计，自1951年至今，川南林业局、四川省林业厅勘探队、部队测绘队和彝族同胞曾多次在黑竹沟遇险，其中三死三伤，两人失踪。据说，1950年，国民党胡宗南残部30余人，仗着武器精良，企图穿越黑竹沟，入沟后无一人生还，因此，这里留下了“恐怖死亡谷”之说。

二、幽谷奇雾之谜　黑竹沟山谷地形独特，植被茂盛，再加之雨量充沛，湿度大，山雾是这里的特色，这里经常是迷雾缭绕，浓雾紧锁，使沟内阴气沉沉，神秘莫测，人畜进入这里，很容易迷路，是不折不扣的“死亡地带”。

2 魔鬼与天使——鄱阳湖魔鬼三角

鄱阳湖，这个中国最大的淡水湖的北部，有一处令当地渔民和过往船只闻风丧胆的神秘三角地带，这便是被称为“魔鬼三角区”的老爷庙水域。多少年来，无法统计在这块水域里有多少舟沉帆没，仅自1960年以来，就已经有100多条船只神秘地葬身于此，数十位船工的生命被狂嗥的湖水吞噬。

3 杀人于弹指间——三霄娘娘洞

在风光秀丽的峨眉山上有个三霄洞，这里曾是供奉三霄娘娘的佛门胜地，但一场致使72人瞬间惨死的神秘事件把一切都改变了。那是1937年秋季的一天，一群善男信女为祝贺演空和尚出任三霄洞住持，捐款铸造了一口大铜钟，千里迢迢送到这里。下午3点，人们拥挤在一起，边唱边跳，突然洞内一声巨响，霎时漆黑一片，一股水桶粗的黄色火焰像火龙似的从洞底喷薄而出，当场就有72人身亡。这个谜底最后也没揭开，当地县长只好下令封闭三霄洞，禁止游人到此游玩。

4 惹不起躲得起——死亡公路

中国兰（州）新（疆）公路430千米处，有一个令过往司机头疼的恐怖地带，汽车行驶到这里，常常会莫名其妙地翻车。虽然司机们一到这里就加倍小心，可事故还是接连不断地发生，每年少则十几起，多则几十起。人们推测北边可能有一个大磁场，是强大的磁力将汽车吸翻的。不管是什么原因，我们还是“躲”为上！

第六章

6

京畿门户
——天津市

【简称】津
【别称】津门
【面积】约1.2万平方千米
【行政区划】辖13个区、3个县
【地形】北高南低、西高东低
【气候】暖温带半湿润大陆性季风气候
【民族】汉、回、蒙古、满、朝鲜、藏等族
【风景名胜】天津盘山风景名胜区、天津古文化街旅游区（津门故里）等

天津市地处华北平原东北部，东临渤海，北依燕山，自古便是拱卫京畿的要地和门户。天津是一个特别好玩儿的地方，每年都要举办具有天津特色的各种赛事和娱乐活动。至于天津传统的风味食品就更不用说啦，我们何不来一场属于自己的“舌尖之旅”呢？

地形特征

DIXING TEZHENG

天津之眼

天津市地处燕山山地向滨海平原的过渡地带，北部山区属燕山山地，南部平原属华北平原的一部分，东南部濒临渤海湾，地势北高南低、西高东低。从飞机上看天津，它简直就是一个巨大的“簸箕”！这“簸箕”滑稽地倾向海河干流与渤海，这架势好像要把渤海湾里的鱼虾全都吃进“肚子”里似的。

“京东第一山”

在天津蓟县西北部有一座奇特的山，这座山不像其他山那样直直挺立，而是像一条巨龙般盘旋蜿蜒，人们称它为“盘山”。盘山主峰海拔856.8米，盘山有“京东第一山”的美誉。

盘山以“三盘之胜”“五峰八石”闻名。这里山势陡峭，巍峨挺拔。东山崖上有一石罅涌出泉水，水沿着狭槽，弯曲流淌，注入山脚下一泉内，这就是著名的“一线泉”。

气候和资源

QIHOU HE ZIYUAN

天津的气候属于暖温带半湿润大陆性季风气候，冬季干燥寒冷，夏季炎热多雨。这种气候的显著特征是：季风显著，温差较大。

天津海洋资源十分丰富，有充足的海洋生物资源、海水资源、海洋油气资源、港口资源等，如大港油田、渤海油田是国家重点开发的油气田。除此之外，天津还有丰富的天然气、煤和地热资源。当然，天津还有丰富的地表水资源。天津地跨海河两岸，而海河是华北最大的河流，上游长度达10千米的支流就有三百多条！这些支流都是急性子，一路吵嚷着冲进永定河、北运河、大清河、子牙河和南运河五大河流，这五大河流又继续急匆匆地奔向下一站——海河干流。

天津人的“母亲河”

海河是天津人的“母亲河”，也是天津的象征。海河干流起自天津的金钢桥，东至大沽口入海。海河全长73千米，贯穿天津市区。天津人平常闲逛、休憩、钓鱼，都离不开海河两岸。

海上门户

渤海湾指渤海西部的浅水海湾，北、西、南三面环陆，以滦河口到黄河口的连线为东部边界，面积约占整个渤海的1/5。渤海湾还是京津的海上门户、华北海运枢纽。天津港是北方地区最大的综合性港口，货运吞吐量和港口规模均居全国前列。所以说到它的作用，可不能小瞧哇！

历史弄堂

LISHI LONGTANG

天子渡河的地方

天津古楼

天津简称“津”，意思是天子渡河的地方，又叫“津门”等。可是你知道吗？在古代，这里远没有现在这么繁华，它只是一个小小的渔村而已！到了北宋，这一带的泥沽、小沙河渐渐远近闻名，金代改名为“直沽寨”。

元朝大力开发海运，政府在直沽寨驻兵开垦，这里成为水旱码头，又改名为“海津镇”。元朝灭亡后，明代燕王朱棣率兵经直沽渡河南下夺取政权，他取“奉天承运，吊民伐罪，得民心，顺天意”中的“天”以及“渡河”的意义“津”，将这里改名为“天津”。后来，各朝各代都在这里建城设卫，后定名为“天津卫”。你没想到吧？天津名字的由来中还藏着这么一段曲折的历史故事呢！

大沽口炮台

中国是一个崇尚谦逊的国家，中国人民是热爱和平的人民，然而从前在这片追求祥和的土地上，总是弥漫着战火的硝烟。从明代开始，为了抵御外敌，大沽

大沽口炮台

黄崖关长城

口就开始设立军事防线；到了清代，更是修建炮台，放置大炮，并且不断加强防御设施，逐渐形成以“威、镇、海、门、高”为主体的完整的防御体系。近代，由于西方列强对华大肆侵略，大沽地区更成为北方的军事要地。今天，天津人民已经把大沽口炮台看成是保卫祖国、抗击侵略的英雄精神的象征。

“少年富，则国富；少年强，则国强。”面对大沽口炮台，你会想起些什么呢？

雄伟的黄崖关长城

一说到长城，你要是只想到北京，可就有点儿孤陋寡闻了。要知道，在天津蓟县北30千米处，也有一段长城呢！这段长城名叫“黄崖关长城”，它还是万里长城的重要组成部分呢！它的东面有悬崖作为天然的屏障，西面与峭壁相依，楼台林立，关隘扼守水陆要害，像一位赤胆忠心的大将军不分日夜地镇守在我们的疆土上。

黄崖关古长城有许多楼台，有八卦关城、正关、寨堡等，全段长城墙体和敌楼建在山脊上，陡峭险峻，人称“蓟北雄关”，是长城的著名关隘。

幽幽古刹——独乐寺

在天津蓟县城内，有一座千年古刹——独乐寺。这座古刹历史悠久，相传是在公元636年由唐朝大将尉迟敬德监督修建而成的。独乐寺由东、西、中三部分组成，中间是寺庙的主要建筑物。独乐寺由山门和观音阁构成南北轴线，两侧有庑廊相连。山门面阔三间，进深四间，上下为两层，中间设平座暗层，是国内最古老的高层木结构楼阁式建筑。对建筑感兴趣的同学，可不要错过独乐寺哟！

别样风情

BIEYANG FENGQING

曲艺之乡

“曲艺”是中国民间说唱艺术的统称，天津被称为“曲艺之乡”，是因为有许多种形式的曲艺都是在天津形成和繁衍的。比如天津时调、天津快板，都是天津所特有的；而京韵大鼓、京东大鼓、铁片大鼓、快板书等是在天津形成的。此外，相声、评书、单弦、梅花大鼓、西河大鼓也是在天津兴盛和繁衍起来的。这么说来，天津可真是孕育“曲艺”的“风水宝地”呀！你若来了天津，可千万不能错过这样的“听觉盛宴”！

“狗不理”包子

先做个测试：请你闭上眼睛，说到“狗不理”包子，请问你心里首先想到的是什么？你是不是在想：“这个包子，连狗都不想吃它。”这么推理的话，这种名叫“狗不理”的包子，铁定难吃极了！事实正相反，它——好吃得要命！

“狗不理”包子可是“津门三绝”之首哇！“狗不理”包子不仅外形精致美观，而且味道鲜香可口！

“狗不理”包子雕塑

泥人张彩塑

泥人张最初是指清朝时天津著名泥塑艺人张明山，后来也用来泛指张明山及其传人的泥塑作品，成为著名的泥塑老字号品牌，津门艺林一绝，现在是天津市首批国家级非物质文化遗产之一。

泥人张彩塑创作题材广泛，不仅形似，而且以形写神，达到神形兼具的境地。泥人张彩塑用色简雅明快，用料讲究，所捏的泥人历经久远，不燥不裂，栩栩如生。泥人张彩塑属于室内陈列性雕塑，一般尺寸不大，高约40厘米，可放在案头或架上，如果喜欢，你不妨买一两个置于案头，时时欣赏。

你知道吗

相声的起源

关于相声的起源，素来有“生在北京，长在天津”的说法。清朝光绪年间，京城经济萧条，艺人难以维持生计，相声艺人也都跑到天津去献艺，从此相声在天津声誉日上，迅速发展壮大。今天，相声已经成为天津曲艺界一大特色，也产生了许多风靡一时的相声名家。

万国建筑博览会——五大道

五大道是天津市西洋建筑比较集中且保存较好的地段，也是天津的名片之一，是到天津必须游览的地方之一。这里汇聚了英、法、意、德等国各式风貌建筑230多幢，建筑形式丰富多彩，堪称万国建筑博览会。可以说，这里的每幢建筑里都蕴含着故事，不妨请上一个导游，让他一边带你逛，一边给你讲讲这些建筑里的故事。

天津五大道建筑

名人掠影

MINGREN LUEYING

弘一法师——李叔同

李叔同，清光绪六年（1880年）阴历九月二十生于天津官宦富商之家，1942年九月初四圆寂于泉州，被人尊称为弘一法师。在中国近百年文化发展史中，弘一法师李叔同是学术界公认的通才和奇才，作为中国新文化运动的先驱者，他最早将西方油画、钢琴、话剧等引入国内，且以擅书法、工诗词、通丹青、达音律、精金石、善演艺而驰名于世，是中国近现代佛教史上最杰出的一位高僧，又是国际上声誉甚高的知名人士。

立于泉州开元寺的李叔同像

幽默的曲艺演员——冯巩

冯巩，1957年生于天津，原名冯明光，冯国璋的曾孙，相声表演艺术家。冯巩自幼喜爱文学艺术，后投师马季门下，学习相声的创作与表演，并先后与刘伟、牛群搭档，活跃于津、京舞台。春晚作品《点子公司》《马路情歌》《还钱》等深受大家喜欢。

名人趣话

守时的李叔同

戏剧艺术家欧阳予倩有一次约定早晨8点去拜访李叔同。欧阳予倩知道他守时，生怕迟到，一大早就出发了，乘完电车看看时间，几乎是跑着去的，到达时已经大汗淋漓了。欧阳予倩递进去名片，大门却没有开，这时看见李叔同从窗户那儿探出身子，毫无表情地说：“我们约定的时间是8点，你已经迟到了半分钟。现在我不方便了，我们改天吧。”说完他就关上了窗户。欧阳予倩愣了半天，只好无奈地打道回府。

地理趣谈——金庸武侠中的名人与名胜

金庸的武侠江湖伴着无数人度过了学生时代，金庸的“飞雪连天射白鹿，笑书神侠倚碧鸳”被我们反复拜读。其实很多金庸武侠世界里的景色都是旅游胜地，而书中的各位大侠义士的足迹也跨越了无数风景名胜：南至大理，西达域外。深山古洞，沉潭幽谷，别有一番异景奇情。下面就让我们回顾一下金庸先生笔下的名人与名胜吧。

1 东邪与桃花岛

东邪黄药师来自桃花岛，“桃花岛”位于今浙江舟山，桃花岛的气候类型属于“亚热带季风气候”。黄药师使用的武功与其居住的自然环境有关，例如：“落英神剑掌”是黄药师领悟“落英缤纷”而得，而“碧海潮生曲”是黄药师看潮汐现象领悟出的武功乐曲。形如拇指从掌中弹出，孤峰矗立、刀削斧劈的弹指峰，是桃花龙女恩赐给桃花岛镇海挡风的玉如意，这里的海崖风光可谓至美，也是金庸笔下桃花岛主黄药师练功习武之所。

2 来自西域的西毒欧阳锋

西毒欧阳锋来自西域。狭义上的西域是指玉门关、阳关以西，葱岭以东，即今巴尔喀什湖东、南及新疆广大地区；广义上的西域却可远至亚洲西部，印度半岛等地区。所以欧阳锋在今天算作是巴基斯坦人或者阿富汗人也不稀奇。欧阳锋头缠头巾，这是由于西域少数民族的习俗，同时头巾也有遮挡风沙的作用。

3 大理段王爷

段王爷生活在大理。大理全称大理白族自治州，地处云南省中部偏西，东临洱海，西达点苍山脉。这里气候温和，土地肥沃，山水风光秀丽多姿，是我国西南边疆开发较早的地区之一。早在4000多年前，大理地区就有原始居民活动。大理分布有很多坚硬的“大理岩”，大概段王爷的“一阳指”就是每天戳大理岩戳出来的，能克制欧阳锋的“蛤蟆功”。

4 《雪山飞狐》与长白山

《雪山飞狐》的故事发生在吉林的长白山。长白山属于温带大陆性山地气候，特点是冬季漫长寒冷，夏季短暂凉爽且天气变化无常。受山地地形垂直变化的影响，长白山从山脚到山顶，随着高度的增加形成由温带到寒带4个景观带，这在世界上是罕见的，“一山有四季，十里不同天”。主人公胡斐的老爸胡一刀，出场时穿一身厚厚的貂皮大衣，而绝对不敢穿得过于飘逸，主要与气候和海拔有关。

5 洞庭天下水

自古有“洞庭天下水，岳阳天下楼”的说法。金庸小说多次写到洞庭湖，《射雕英雄传》中，郭靖、黄蓉去铁掌山途经洞庭湖，有一段景色描写：“上得楼来，二人叫了酒菜，观看洞庭湖风景。放眼浩浩荡荡，一碧万顷，四周群山环列拱屹，真是渺渺峥嵘，巍乎大观。”《神雕侠侣》中，黄药师隐身江湖，自得其乐，曾在洞庭湖赏月。金庸江湖中“侠之大者，为国为民”很好地体现了《岳阳楼记》中“先天下之忧而忧，后天下之乐而乐”这一句名言。

6 华山论剑

华山又称西岳，为五岳之一。华山山体倚天拔地，四面如削，被誉为“奇险天下第一山”。华山是个大陡崖，有“自古华山一条道”的说法，而华山之巅更是只有绝顶高手才能登上去。在华山比武，华山之险可以直接将一般的武林人士淘汰。在金庸的江湖中，华山的地位一直非常显赫。“射雕三部曲”更是把华山当作小说故事展开的大背景。《射雕英雄传》中，两次论剑都在华山绝顶。《神雕侠侣》最后一回中，举行最后一次华山论剑，英雄本色尽显。

第七章

7

塞外明珠
——内蒙古自治区

【简称】内蒙古

【首府】呼和浩特市

【面积】约118万平方千米

【行政区划】辖9个地级市、3个盟、22个市辖区、11个县级市、17个县、49个旗、3个自治旗

【地形】由南向北、由西向东倾斜

【气候】温带大陆性气候

【民族】以蒙古族为主，除此之外，还有达斡尔族、鄂伦春族等

【风景名胜】呼伦贝尔草原、扎兰屯风景名胜区、鄂尔多斯响沙湾旅游区、阿拉善盟腾格里沙漠月亮湖等

内蒙古自治区位于中国的北部，地貌以高原为主。内蒙古高原是中国四大高原中的第二大高原。蓝天白云、一望无际的草海以及成群的牛羊，再加上骁勇的马背上的民族，汇聚成一幅美丽的自然画卷。心动不如行动，快和牧民们一起策马奔腾吧！

地形特征

DIXING TEZHENG

内蒙古草原地势起伏微缓，一望无际，阴山横贯内蒙古中部，阴山以北为草原和戈壁，黄河流贯其南部；西南部为鄂尔多斯高原；大兴安岭纵贯东北部。高原约占整个自治区土地面积的一半。

呼伦贝尔大草原

中国像一只雄鸡屹立东方，在雄鸡“鸡冠”处点缀着一颗“碧玉”，那就是呼伦贝尔大草原。在这里，每逢夏季，蒙古包上升起缕缕炊烟，一望无际的草原、成群的牛羊、奔腾的骏马和牧民策马驰骋的英姿尽收眼底。

呼伦贝尔大草原是世界著名的天然牧场。它位于内蒙古东北部，因境内的呼伦湖和贝尔湖得名。呼伦贝尔大草原是内蒙古草原中草场质量最好、草原风光最为绚丽的地方，也是中国目前保存最完好的草原，总面积9万余平方千米，天然草场面积占80%，是世界著名的三大草原之一。这里地域辽阔，有3000多条纵横交错的河流、500多个星罗棋布的湖泊，被誉为“牧草王国”。

呼伦贝尔大草原也是一片几乎没有任何污染的绿色净土，出产的肉、奶、皮、毛等备受国内外消费者青睐，连牧草也大量出口日本等国家。它是一代天骄成吉思汗的出生地，同时也是中外闻名的旅游胜地。

呼伦贝尔大草原

气候和资源

QIHOU HE ZIYUAN

内蒙古自治区气候冬冷夏热，日照充足，昼夜温差大。自治区中、西部是中国沙尘暴频发区之一。

内蒙古自治区资源丰富，优质的草原牧场、森林、稀土、铁、煤等，样样出名，以草原旅游资源最为丰富。

锡林郭勒大草原

美丽辽阔的锡林郭勒大草原以草原旅游资源丰富、草原类型完整而著称于世，草甸草原、典型草原、半荒漠草原、沙地草原均具备，地上植物有1200多种。境内有被联合国教科文组织列为国际生物圈网络的国家级草原自然保护区——锡林郭勒草原自然保护区。

这里有横贯草原中部的秦燕金古长城与世界著名的元上都遗址，还有典雅庄重的洪格尔岩画和明成祖北征留下的玄石坡、立马峰；内蒙古四大庙宇之一的贝子庙与祭祀圣地白音查干敖包把宗教与蒙古族文化融为一体。这里既有一望无际、空旷幽深的壮阔美，也有风吹草低见牛羊的动态美，又有蓝天白云、绿草如茵、牧人策马的人与自然的和谐美。去吧，去看片片白云在无尽的蓝天中飘游。牧人策马，牛羊游动，加上蒙古包缕缕的炊烟与缓缓行驶的勒勒车，定会使融入大自然的你心旷神怡。

九曲十八弯的锡林河

大草原的沧桑历史

DACAOYUAN DE CANGSANG LISHI

青冢拥黛

在呼和浩特市南郊大黑河畔，有一座著名的墓地——昭君墓，是中国最大的汉墓之一。翦伯赞《内蒙访古》说得好："在大青山脚下，只有一个古迹是永远不会废弃的，那就是被称为青冢的昭君墓。因为在内蒙人民的心中，王昭君已经不是一个人物，而是一个象征，一个民族团结的象征，昭君墓也不是一个坟墓，而是一座民族友好的历史纪念塔。"

昭君墓雕像

远望昭君墓，黛色迷蒙，巍峨壮观，好像一幅水泼浓墨的迷人风景画，被誉为"青冢拥黛"，成为呼和浩特的著名"八景"之一。据民间传说，每到深秋时节，四野草木枯黄的时候，唯有昭君墓嫩黄黛绿，草青如茵。

民间还传说昭君墓一天之内有3种变化，"晨如峰，午如钟，夕如枞"。昭君墓是不是真的这样神秘呢？你可以亲自去体验一番！

成吉思汗陵园

成吉思汗是大蒙古国开国君主，著名的军事统帅，原名"铁木真"，毛主席称他是"一代天骄"。成吉思汗陵园修建在甘德尔敖包上，由3座蒙古包式的宏伟殿堂组成，分正殿、东殿、西殿和后殿，4殿相连，房檐都用金黄色和蓝色的琉璃瓦镶嵌砌成，殿顶呈圆形，显得格外辉煌壮观。如果能坐着自己发明的时光机去和成吉思汗握握手，那真是帅呆了！

成吉思汗雕塑

成吉思汗陵园

草原都城

元上都遗址位于闪电河北岸，是中国北方骑马民族创建的一座草原都城。这座草原都城由宫城、皇城和外城组成。宫城墙用砖包砌，四角有楼，里面有水晶殿、鸿禧殿、大安阁等。城内引入河水，建有专门的储水池。假如你对元代历史感兴趣，想亲自感受元代都城的建筑风格与历史人文，这儿应该成为你的第一站！

元上都遗址

玄石坡，立马峰

玄石坡

在锡林郭勒盟苏尼特左旗昌图锡勒苏木境内，有一片裸露在地面上的大型卧牛石，其中一块卧牛石上刻着“玄石坡”三个大字，还有一块卧牛石上刻着“立马峰”三个大字，相传为明成祖朱棣拴马之处，旁边一巨石上雕有香炉一鼎，马蹄印4个，并有一段铭文。铭文告诉人们，这组石刻是朱棣于永乐八年（1410年）北征时敕命所刻。当年明成祖亲率大军北征，与胡人新罕本雅夫里作战，节节取胜，每到一处都要祭祀天地祖宗，并立碑铭记。他来到此地，敕名此地为“玄石坡”，并敕刻“玄石坡”与“立马峰”石碑铭记。

马背上的文化

MABEISHANG DE WENHUA

敖包

祭敖包

蒙古族“祭敖包”的风俗由来已久。“敖包”是疆域地界的一种标志，有的是利用突出地面的自然物而建，有的则是人工筑起的土包、石包、柴包等。每年夏季或秋季的固定祭日，“敖包”附近的蒙古族居民，会带上祭品（熟羊肉、牛奶、白酒、油饼等），从四面八方骑马或徒步而来，把祭品摆在敖包前，跪下，虔诚地祝愿：“民族兴盛，疆域安定，人畜两旺，永保太平。”祭毕，大家环坐敖包前，分食祭品，边喝酒，边谈笑。

献出我的诚意来

“白食”可不是让你白吃白喝白占人便宜，它是蒙古族人民用牛、羊、马、骆驼的奶等做出来的食品。在蒙古族人民的观念里，白食代表着纯洁、吉祥和崇高，所以家里来了客人，他们会拿出奶皮子、奶渣和奶茶等各种白食来招待。如果是小孩来，他们还要将奶皮子或奶油涂抹在小孩的脑门儿上，表示美好的祝福。

那达慕大会——草原狂欢节

那达慕大会是蒙古族人民最具有民族特色的传统节日，在每年草绿花红、羊肥马壮的七八月份，草原上都会举行这一传统盛会。

那达慕大会的主要内容有摔跤、射箭、赛马等民族传统项目，有的地方还有田径、拔河、排球、武术、马球等体育竞赛项目。

当夜幕降临，草原上还会飘起悠扬激荡的马头琴声，姑娘小伙子们围着篝火载歌载舞。这样的盛会，不去参加太可惜了！

那达慕大会

最美中国——最美湖泊

湖泊，是中国分布非常广泛的自然景观，从巍峨的天山南北到富庶的东部沿海，从辽阔的东北平原到多彩的云贵高原，都有湖泊俏丽多姿的身影。星罗棋布的湖泊好像一颗颗亮丽的明珠镶嵌在广袤的中国大地上。它们虽然没有海洋那样浩渺，也不像江河那样奔腾不息，但它们如诗似画、瑰丽神奇、丰富多彩。让我们看看这些最美湖泊带给我们的享受与感动吧。

1 峡谷中的人间净土——喀纳斯

喀纳斯湖是坐落在新疆阿尔泰山深处密林中的一个美丽、神秘的高山湖泊。它像一弯碧绿纯净的月牙静卧在深山密林之中。湖四周林木繁茂，尤其是每至秋季，层林尽染，群峰倒映在湖中，湖光山色令人陶醉。它不仅以景色秀美而著称，更因为湖中的“水怪”而扬名天下。

2 画家的取材地——青海湖

青海湖位于青海省西北部的青海湖盆地内，既是中国最大的内陆湖泊，也是中国最大的咸水湖。它像一个巨大的翡翠玉盘卧在高山草原之间，高山与碧波，草原与蓝天，相映成趣。尤其是夏秋之际，湖四周绿茵如毯，草原上成群的牛羊飘动如云，金黄色的油菜花迎风飘香，充满了别样的诗情画意，吸引了众多游人来观赏，也吸引了许多画家来此取景写生。

3 心尖的处女地——泸沽湖

“高原明珠”泸沽湖位于四川省凉山彝族自治州盐源县与云南省丽江市宁蒗彝族自治县之间。清澈如镜的湖面，亭亭玉立的湖中名岛，翠绿葱郁的林木以及湖畔居民摩梭人仍保有的母系氏族遗风，让泸沽湖显得分外古朴、神秘。

4 情人的蓝色眼泪——纳木错

纳木错是世界上海拔最高的大内陆湖，它像一位美丽的女神静卧在藏北高原上，与情人念青唐古拉山世代相望。海一样辽阔的湖面，眼泪般碧蓝澄澈的湖水，玛尼堆连成的轨迹，摇曳的五彩经幡，纳木错圣洁的美让人无法抗拒。

5 大地的明眸——呼伦湖

蔚蓝的天空，洁白的云朵，成群的牛羊，萋萋的芳草，在美丽的呼伦贝尔大草原上，碧波荡漾的呼伦湖不仅美丽辽阔，还孕育了多元的民族文化。呼伦湖是中国北方数千里之内唯一的大泽，水域宽广，沼泽湿地连绵。呼伦湖烟波浩渺，天水相连，白帆点点，波光粼粼，在这里不但可以观赏到美丽的景色，还可以品尝到数百种鱼虾做成的美味佳肴。

6 跌落人间的银河星座——千岛湖

千岛湖，位于浙江省淳安县境内（部分位于安徽歙县），是1960年我国建造的第一座自行设计、自制设备的水力发电站——新安江水力发电站建成后所形成的人工湖，湖中有1000多个姿态各异、风姿绰约的岛屿。春游湖上，布满山花的岛屿，是一个个天真烂漫的村姑；夏日游湖，人们多想在这碧波中逐浪畅游；秋天红叶满山，使人想起“霜叶红于二月花”的诗句；冬天，雪满湖山，松挺山崖，又是一幅王维笔下的诗画。

第八章

8 金玉之乡
——新疆维吾尔自治区

【简称】新
【别称】西域
【首府】乌鲁木齐市
【面积】约166万平方千米
【行政区划】现辖2个地级市、7个地区、5个自治州、11个市辖区、22个县级市、62个县、6个自治县。境内还有生产建设兵团10个农业师、3个农场管理局、1个建工师，共185个农牧团场
【地形】山脉、盆地相间，吐鲁番盆地是中国大陆上的最低点
【气候】温带大陆性干旱气候，以天山为界，以北属中温带，以南属暖温带
【民族】维吾尔、汉、哈萨克、回、蒙古、柯尔克孜等族
【风景名胜】天山天池风景名胜区、吐鲁番市葡萄沟风景区等

新疆维吾尔自治区是举世闻名的歌舞之乡、瓜果之乡、金玉之乡。这里幅员辽阔、地大物博、山川壮丽、瀚海无垠、古迹遍地、民俗独特。这里的人民，既豪爽、热情，又纯朴、友好；这里是诗人的王国、画家的宝库、史学家的天堂、旅游者的乐园！让我们一起去“大巴扎”（维吾尔语是集市的意思，新疆国际大巴扎设在乌鲁木齐市）吧，逛逛我们的新疆！

地形特征

DIXING TEZHENG

新疆的地形是山脉与盆地相间排列，盆地被高山环抱，俗喻“三山夹两盆”。北为阿尔泰山，南为昆仑山，天山横亘中部，把新疆分为南北两部分，南部是塔里木盆地，北部是准噶尔盆地。

新疆的“母亲山”

天山山脉位于新疆中部。如果登上天山峰峦的高处，还会看到巨大的天然湖，湖面平静，水清澈见底。传说中有一个湖是古代一个不幸的哈萨克少女滴下的眼泪，所以湖水颜色多变，象征着那个古代少女的万种哀愁。

这里多高峰，也多峡谷，自然也就有更多溪流。就在这种深山野谷的溪流边，往往有着果树夹岸的野果子沟。有的野果子沟连绵百里，沟里长满了野苹果，可是从来没人来采摘。多少年来，那沟边早已堆满了几丈厚的野苹果泥。

天山最高峰托木尔峰北部的伊犁地区，以牧业为主，养马业尤为驰名。古代的“天马”最初即来自此地，以后又叫伊犁马，至今仍享有盛誉。这里还是优良的军马和生产用马的重要产区。

这就是天山，处处丰饶，处处奇景！

你知道吗

在中国武侠小说里，有一种神奇的植物，能让人武功精进、起死回生，那就是天山雪莲。现实中，天山雪莲也被称为“药中之王”，是很难得的珍奇名贵中草药。天山雪莲神奇又稀有，生长在天山山脉海拔4000米左右的悬崖陡壁上、冰渍岩缝中。那里气候奇寒，终年积雪不化，一般植物根本无法生存，而雪莲却能在这里生长——这真是奇迹呀！

气候和资源

QIHOU HE ZIYUAN

兔狲

新疆地处我国西北边陲、亚欧大陆的中心地带，是一块美丽富饶的宝地，自然资源十分丰富，且种类齐全，蕴藏量大，有巨大的开采潜力。这里有许多珍贵的动植物，植物如雪莲、胡杨等，动物有兔狲等。来到新疆的人们，总是对这里的动植物顽强的生命力感受特别深，它们有别处的动植物不具备的适应能力。

新疆只有一条外流河，那就是额尔齐斯河。外流河少的地方，淡水湖也少，所以新疆的湖泊以咸水湖居多。然而不管怎么样，勤劳勇敢的中国人民依旧在这儿快乐地生活着，创造了辉煌灿烂的历史和文明。

天山上的明珠

天山天池

说到新疆，你是不是马上就会想到：“啊，那里是一片干旱的荒漠！”非也，非也，新疆虽然水资源不够丰富，但湖泊却是多得吓人，其中最著名的莫过于天山天池了。

天山天池古称“瑶池”，是传说中的王母娘娘的洗脚盆。天池的池水清澄、碧蓝，可是谁能想到这里居然会有“水怪”？据说，曾有近百名游客在天池湖边目睹了两只“水怪”在湖中游动嬉戏的情景，而且在天池的历史记载中，“不明生物”出现过四五次之多。这真是个谜！

天山

"丝绸之路"的前世今生

"SICHOU ZHI LU" DE QIANSHI JINSHENG

丝绸之路上的马可·波罗

大约700年前，著名的旅行家马可·波罗踏上了古丝绸之路。他从霍腊散（今伊朗霍腊散）出发，经伊朗的乃沙不耳，翻越帕米尔高原，经阿尔金山，过叶尔羌（今新疆维吾尔自治区叶城县）等绿洲……后来这条古丝绸之路逐渐衰落了，直到19世纪末丝绸之路才从沉睡中苏醒。

高昌故城

高昌故城

高昌故城距今已有1500余年历史，曾是西北地区政治、经济、文化中心，也是丝绸之路上的重镇。高昌故城规模宏大，是古代西域留存至今最大的古城遗址，分为外城、内城、宫城三部分。外城西南角有一座较大的寺庙遗址，保存得相当完整。在它附近，曾发现过绿琉璃瓦残片和绘有图案的房屋基石，可见当年的宫室和庙宇的建筑已经达到相当高的水平。

神秘消失的楼兰古城

楼兰古城位于若羌罗布泊西北，这里在古代曾是一个水草丰茂、地势平坦的地方，农、牧业都十分发达。早在前2世纪以前，曾有过一个繁华的楼兰国，它是当时闻名遐迩的丝路重镇，可是到公元4世纪前后，这个曾经红极一时的"明星国家"却突然神秘地消失了，只留下一片废墟静立在沙漠中。

现存的楼兰遗址大致呈正方形，城墙大约330米长，城区面积约1平方千米，城内还存有残破的院落及高耸的佛塔。从楼兰古城中发现了不少古代文物，有各种器皿及钱币，最珍贵的要数晋代手抄本《战国策》了。

楼兰美女复原图

火焰山

葡萄沟

吐鲁番

火焰山

火焰山横亘在吐鲁番盆地中部。亿万年间，地壳运动和大自然的风蚀雨剥，使山体形成了似火焰起伏的山势和纵横的沟壑。

每当盛夏，火焰山以红色的花岗岩反射阳光，炽热的气流翻滚上升，就像熊熊的烈焰。火焰山夏季地表最高温度高达摄氏70℃以上，沙窝里能够烤熟鸡蛋呢！

明代晚期的吴承恩在《西游记》中写到唐三藏取经受阻火焰山，孙悟空三借芭蕉扇的故事，其中的火焰山就是这座山。如果你到火焰山，就会看到唐僧路过时的拴马桩、唐僧上马的踏脚石，还能看到一块活像长嘴猪八戒的八戒石呢！

葡萄沟

说起吐鲁番的葡萄沟，当然数葡萄最负盛名。新疆民谣说："吐鲁番的葡萄哈密的瓜，库尔勒的香梨人人夸，叶城的石榴顶呱呱。"

每当夏末秋初，葡萄沟里的葡萄似遮天绿云，一架连一架，一片连一片，累累果实，让人迷醉。这里的葡萄主要有无核白葡萄、马奶子、红葡萄、喀什哈尔、日加干、琐琐等品种，有的葡萄晶莹如珍珠，有的鲜艳似玛瑙，而有的绿若翡翠，令人垂涎不止。

在葡萄沟里，你还能领略到维吾尔族小伙儿的热情舞蹈、热闹喜庆的少女采葡萄等风情，令人目不暇接。

风物志

FENGWU ZHI

冬不拉

冬不拉

冬不拉是一种哈萨克族民间流行的弹拨乐器。音箱是用松木或桦木制成的，或为扁平形，或为瓢形，琴杆细长。冬不拉音量并不大，但音色优美。冬不拉弹唱是哈萨克族人民最喜爱的艺术表演形式，演唱者既可用于自弹自唱，也可用于独奏或乐器合奏，表现力非常丰富。关于冬不拉，还有个美丽的传说。哈萨克有个国王的儿子名叫“冬不拉”，他与瞎熊进行搏斗后杀死了瞎熊，自己也不幸牺牲。当地的老百姓用琴声歌颂王子的壮举，倾诉对王子的崇敬和怀念。

和田玉

和田玉

和田玉是一种软玉，俗称“真玉”。狭义上讲的和田玉，一般指新疆和田玉，古名“昆山玉”，原产于古西域莎车国、于阗国（今中国新疆和田），已有一千多年历史，为中国名玉之一，被称为中国的“国玉”。《史记·大宛列传》中记载：“汉使穷河源，河源出于阗，其山多玉石。”和田玉产于昆仑山北坡（长约1300千米），故古代曾被称为“昆山玉”。和田玉是中华民族资源宝库中的瑰宝，具有极其深厚的文化底蕴——我国是世界历史上唯一一个将玉与人相共融的国家。

9

第九章

塞外明珠

——宁夏回族自治区

【简称】宁

【别称】塞上江南

【首府】银川市

【面积】约6.6万平方千米

【行政区划】现辖5个地级市、9个市辖区、2个县级市、11个县

【地形】地貌主要有丘陵、平原、台地、山地和沙漠，地势南高北低，南北狭长

【气候】温带大陆性半湿润、半干旱气候

【民族】回、汉、蒙古、满等族，其中回族约占1/3

【风景名胜】西夏王陵风景名胜区、中卫市沙坡头旅游景区、石嘴山市沙湖旅游景区等

宁夏位于“丝绸之路”上，历史上曾是东西部交通贸易的重要通道，这里有独特的西夏文化。宁夏的疆域轮廓南北长、东西短。当你走进这里，眺望的是苍茫，手触的是荒凉；当你走进这里，没有大山的阻挡，没有大树能遮阳；当你走进这里，草间遍布的是牛羊，与你相逢的是漫漫黄沙巨浪。

地形特征

DIXING TEZHENG

宁夏回族自治区地处黄土高原和内蒙古高原的过渡地带，自然条件非常复杂，东、西、北面分别被毛乌素沙地、腾格里沙漠、乌兰布和沙漠包围，南面与黄土高原相连，地势南高北低。境内有较为高峻的山地和广泛分布的丘陵，也有冲积平原，还有台地和沙丘。

沙漠中的月亮湖

腾格里在蒙古语中是苍天的意思，腾格里沙漠跨甘肃、宁夏、内蒙古三省区，是中国第四大沙漠。我们都知道，干燥是沙漠的主要特征，但谁能想到在腾格里还会有一个美丽的月亮湖呢？月亮湖位于腾格里沙漠腹地，它有三个独特之处：一是形状酷似中国地图；二是湖水富含钾盐、锰盐、少量芒硝、天然苏打、天然碱、氧化铁及其他微量元素，是天然的药浴配方；三是拥有长达一千米、宽近百米的天然浴场——黑沙滩。这黑沙滩可了不起了，富含对人体有益的微量元素，是天然治疗宝物！

沙漠西瓜

宁夏沙坡头风景区

沙湖

气候和资源

QIHOU HE ZIYUAN

狍子

宁夏回族自治区深居内陆，属温带大陆性半湿润半干旱气候。气候的总体特征为干旱少雨、风大沙多，气温日差大，日照时间长。宁夏气候四季分明，春季温暖，夏季短暂，秋季凉爽，冬季寒冷漫长。

自治区内年降水量由南向北递减，7月下旬至8月上旬是降水集中的时期。宁夏的水资源不多，除黄河干流以外，其他主要河流有清水河、苦水河及泾河、葫芦河的上游等，均属于黄河水系。银川平原自秦汉时起便引黄河之水灌溉农田，成为"鱼米之乡"，有"天下黄河富宁夏"之说。

这里的矿产和非金属资源质量较好，煤炭资源丰富，石油、天然气也有一定储量。这儿有多种珍贵生物，并已设立了自然保护区。一些珍稀物种不远万里择地而迁，六盘山狍子、野猪成群出现，鬣羚也在这里安了家。近几年，国家一级保护动物豹子也到了这里。

平罗沙湖

沙湖位于石嘴山市平罗县，既有千亩沙漠，又有万亩水域。沙湖盛产鱼、鸟，有数万只鸟在这里栖居，鱼跃鸟鸣，可称得上是大自然中的一处奇观。

沙湖的鱼类十分丰富，不仅有鲤、鲢、鳙、鲩、鲫鱼，而且有北方罕见的武昌鱼、娃娃鱼。宁夏沙湖既是大自然的杰作，湖光沙色，候鸟成群，芦丛如画，风光旖旎，是上苍的赐予，更是勤劳智慧的塞北人民惊天动地的艺术创造。

神秘之旅

SHENMI ZHI LÜ

贺兰山岩画

贺兰山岩画之太阳神

贺兰山在古代是匈奴、鲜卑、突厥、回鹘、吐蕃、党项等北方少数民族畜牧游猎、繁衍生息的地方。他们把生产生活的场景凿刻在贺兰山的岩石上，来表现他们对美好生活的向往与追求，同时也表现出他们当时的审美观、社会习俗和生活情趣。在南北长200多千米的贺兰山腹地，就有20多处遗存的岩画。

贺兰山岩画构图奇特，形象怪诞。既有个体图像，也有组合画面；既有人物像、人面像，又有动物、天体、植物符号和不明含义的符号；此外，还有描绘游牧、狩猎、械斗、舞蹈、杂技等场景的画面。贺兰山岩画中最负盛名的是“太阳神”造像，它磨刻在距地面几十米处的石壁上，头部有放射形线条，面部呈圆形，重环双眼，看上去很威武。这就是古代游牧民族心目中的“太阳神”。

“东方金字塔”

说起人类古文明之谜，很多人会想到埃及金字塔。近年在我国也发现了一处神秘的古陵墓，它就是贺兰山下被誉为“东方金字塔”的西夏王陵建筑群。

西夏王陵包括 9 座皇帝陵园和250多座达官贵人的墓葬。陵园内最醒目的建筑，是一座残高23米的夯土堆，形状像一个窝头。“窝头”有8个角，角上有层层残瓦堆砌，多为5层。这种建筑在其他陵园很少见，到底有什么作用呢？这是个“谜”。

西夏王陵

西夏王陵一带地势平坦，仿若山洪冲刷出的道道沟坎纵横交错，可是没有一条洪沟是从帝王陵园和陪葬墓园中穿过的，这儿也从来没有遭受过山洪袭击，这是什么原因呢？这又是一个“谜”。

宁夏印象

NINGXIA YINXIANG

华夏西部影视城

“东方好莱坞”

被誉为“东方好莱坞”的华夏西部影视城位于银川市郊镇北堡，原为西部荒漠废弃的明代古堡，周围名胜古迹众多。城内有昊王宫、德明殿、夜落隔王宫等宫廷建筑，让你有穿越时空之感。假如你想体验西北风俗，那就去影视一条街吧，那儿的茶馆、小庙会告诉你答案。对拍戏感兴趣的朋友，可以去展厅看看，里面展示了大量的服装道具以及拍戏时的剧照。像《红高粱》《大话西游》《新龙门客栈》等30多部影视剧都是在这儿拍摄完成的。如果有幸赶上那里正在拍戏，也许你还有机会客串一回群众演员呢！

黄河鸟岛

青铜峡是黄河上游的最后一个峡口，青铜峡水电站于1967年建成，位于青铜峡峡谷出口处，上距兰州市430千米，下距银川市80千米，是一座以灌溉、发电为主，兼有防洪、防汛功能的综合性水利枢纽工程。

大坝下的青铜峡水库景色秀丽宜人，成千上万的候鸟在这儿栖息，人称“黄河鸟岛”。除了观鸟，还能看到“一百零八塔”的奇景。

青铜峡水库西岸崖壁下的108座喇嘛塔是中国现存的大型古塔群之一，塔群坐西面东，依山临水。佛塔依山势自上而下，按1、3、3、5、5、7、9、11、13、15、17、19的奇数排列成12行，总计108座，形成总体平面呈三角形的巨大塔群，因塔数多而得名。

西北风情

XIBEI FENGQING

回族歌手

宁夏“花儿”满山飞

“花儿”是流传于西北的一种民歌，宁夏是“花儿”的故乡，田间地头、山林小道到处飘扬着“花儿”美妙的音符。每年宁夏各地都会举办“花儿会”，“花儿会”以演唱“花儿歌”为主要内容。这样美妙的欢歌盛会，不可错过哟！

羊皮筏子

旧称“革船”，常用羊皮或牛皮做成，是一种古老而简易的渡河、运载工具。“九曲黄河十八弯，筏子起身闯河关”，皮筏作为原始而古老的水上交通工具，历史悠久。

现在，羊皮筏子已经成为黄河上的特色旅游项目，黄河边供游客乘坐的羊皮筏子都是用13只皮胎，采取前后各4只中间5只的排列方式绑扎成的小筏子，重二十多斤，能坐6个人。

皮筏只能顺流而下，不能逆流而上，“下水人乘筏，上水筏乘人”。羊皮筏子有节约能源、保护环境、视野宽阔等优点，如能乘坐羊皮筏子顺流而下观景，也是一种难得的乐趣。

羊皮筏子

历史的遗迹

LISHI DE YIJI

宁夏长城

宁夏自古就是中原农耕民族与游牧民族相互争夺的要塞。自西周时期开始，战国、秦、汉、隋、金、明等朝代都曾先后在宁夏境内修筑长城。目前，宁夏境内几乎可以找寻到历史上各个朝代修筑的、技术迥异的长城遗迹，被称为“中国长城博物馆”。秦昭襄王下令在今宁夏南部的固原市一带修建的战国秦长城是这部“中国长城通史”的序言。为了防御突厥、吐谷浑等游牧民族对长城南侧的农耕文化区的侵扰和掳掠，隋朝曾经7次对旧有长城进行修复完善。唐朝时，大批军队驻扎灵州，军队的防御色彩非常显著，对长城的依赖也更加明显。西夏、元代时，宁夏处于腹心位置，长城没有了实质性的作用，直到明朝建立，宁夏重新成了中国的边地，长城又开始恢复了它的原始功能。其中，固原市城北的秦长城遗迹十分清晰，灵武长城是隋朝到明代长城修筑史的见证。宁夏境内至今仍保存较完好的长城当数同心县下马关境内的下马关长城遗址。

夕阳下的下马关长城

宁夏水洞沟明长城遗址

旅游画廊

LÜYOU HUALANG

须弥山石窟

须弥山石窟

须弥山是一处拥有一百多座石窟的风景胜地。它位于宁夏六盘山北端，距固原市原州区西北55千米处的寺口子河北岸。具有重要艺术价值的北朝、隋唐时期的须弥山大型石窟艺术造像，就开凿在须弥山诸峰的峭壁上。它和名震中外的敦煌、云冈石窟、龙门石窟一样，都是我国古代文化遗产瑰宝。须弥山石窟现存洞窟162座，保存有各代造像雕刻品、彩绘、壁画、石刻题记的洞窟70余座，造像350余躯，另有汉藏文刻记、碑刻等，尤其以北周和隋唐开凿的大型庙窟的石雕造像最为精美。

同心清真大寺

同心清真寺位于同心县旧城西北角的高地上，是宁夏现存历史最久、规模最大的一座伊斯兰教建筑。相传建于明万历年间（1573—1620）。同心清真寺外形与内地的不一样，它更像是一座城楼，有礼拜大殿、宣礼楼、阿訇住房等。寺门朝北，门前有精致的仿木结构的砖雕“月挂松柏”照壁，是一座把我国传统木结构建筑和伊斯兰木刻砖雕装修艺术融为一体的建筑。

同心清真大寺

10

第十章

江河源头
——青海省

【简称】青
【别称】三江源、中华水塔等
【省会】西宁市
【面积】约72万平方千米
【行政区划】现辖2个地级市、6个自治州、5个市辖区、3个县级市、28个县、7个自治县
【地形】大体可分为祁连山地、柴达木盆地、青南高原三个自然区域，地势自西向东逐渐倾斜
【气候】高原大陆性气候
【民族】汉、藏、回、土、撒拉、蒙古、满、哈萨克等族
【风景名胜】青海湖风景名胜区等

青海省，简称“青”，是我国青藏高原上的重要省份之一。这里地处青藏高原东北部，全省均在高原范围之内。走进青海，只见金黄的花海、耀眼的雪山、似海的碧水，恍然间，游人会以为自己走进了梦境一般！

地形特征

DIXING TEZHENGH

祁连山

青海的地形复杂，地貌多样，山脉之间，镶嵌着高原、盆地和谷地。西部极为高峻，地势自西向东倾斜降低，东西向和南北向的两组山系构成了青海地貌的骨架。其地形可分为祁连山地、柴达木盆地和青南高原3个自然区域。来青海，你可以收获一种震撼的美！

“东方多瑙河”

澜沧江是一条波澜壮阔的大河，发源于青海高原的唐古拉山北麓的贡则木杂雪山，经西双版纳流出境外，途经6个国家，被称为“东方多瑙河”。想一睹澜沧江风采的朋友，可以从景洪出发，逆水而上至虎跳石。到了虎跳石，江面已渐渐收缩，最窄处仅20米左右。两岸是参差不齐的大岩石，江水汹涌澎湃，两岸奇峰嶙峋。

唐古拉山

气候和资源

QIHOU HE ZIYUAN

猞猁

青海属于高原大陆性气候，具有气温低、昼夜温差大、降雨少而集中、日照时间长、太阳辐射强等特点。如果你不是西北人的话，到了青海先要有一个适应阶段，因为突然到海拔高的地方，很容易有高原反应。

青海的自然资源丰富多样，有色金属、石油等矿产资源和水资源相当丰富，但森林植被较少。

青海是珍奇异兽的天然乐园，现有陆栖脊椎动物270多种。其中珍稀动物如野骆驼、野牦牛、野驴、藏羚羊、盘羊、石鸡、血鸡、蓝马鸡、猞猁、白唇鹿等。这里有野生经济植物1000多种，其中雪莲、冬虫夏草、贝母、当归、发菜、枸杞等经济效益显著。

青海省蕴藏着极为丰富的光能、风能资源，全省日光辐射强，柴达木地区日照时间很长，是著名的“阳光地带”。

青海湖

青海湖古称“西海”，位于青藏高原的东北部。湖面海拔3196米，面积4583平方千米，是我国最大的内陆咸水湖泊。

青海湖中有一个岛屿，叫鸟岛，是国家级自然保护区，因岛上栖息着数十万只候鸟而得名。虽然鸟岛面积不足1平方千米，但岛上鸟类数量有八九万只。每年春天，斑头雁、鱼鸥、棕颈鸥都来这里垒窝产卵。岛上的鸟蛋一窝连着一窝，密密麻麻，因此这里也被人称为“蛋岛”。

大美青海

DAMEI QINGHAI

塔尔寺

塔尔寺是我国著名的喇嘛寺院，是藏传佛教格鲁派创始人宗喀巴诞生地，亦是西北地区佛教活动的中心。该寺规模宏伟，最盛时有殿堂八百多间，是我国著名的六大喇嘛寺之一，在全国和东南亚一带享有盛名。塔尔寺依山势起伏，是由大金瓦寺、小金瓦寺、大经堂、大厨房、九间殿、大拉浪、如意宝塔、太平塔、菩提塔、过门塔等许多宫殿、经堂、佛塔寺组成的一个气势宏伟、藏汉艺术风格相结合的古建筑群。白塔寺殿宇相连，白塔林立，整座寺不仅造型独特，富于创造性，而且细部装饰也达到了高超的艺术水平。寺内的酥油花、壁画和堆绣被誉为“塔尔寺三绝”，具独特的民族风格和很高的艺术价值。

文成公主庙

文成公主庙，坐落在玉树县结古镇以南的贝纳沟，海拔3700多米，是一座既有唐代艺术风格又有藏式平顶建筑特点的古式建筑。庙内的巨型文成公主像和8尊佛像，由石壁雕凿而成，外表酷似泥塑雕刻精细，造型质朴敦厚。这座庙是唐贞观十五年（641年）文成公主进藏时留下

塔尔寺

的规模最为宏伟而弥足珍贵的历史文化遗迹，文成公主离开这里进入拉萨后，这里的藏民便依据公主的画像，在石壁上造像，以示怀念，遂又建庙。此庙已经成为藏汉团结的象征，成为信徒们顶礼膜拜的佛堂，香火缭绕，经久不衰，当地藏族群众把这里视为玉树高原上的“洞天福地”。

油菜花海

门源油菜花位于青海省海北藏族自治州的门源回族自治县，此地是青海省及西北地区的主要油料产区。这里的油菜花也成为了一种美丽而蔚为壮观的人造景观，绵延数千米。夏日时节，走进青海门源回族自治县，恰如走进一幅浑然天成的油画之中。七月中旬，门源的油菜花竞相怒放，花景与当地的蓝天白云、高山流水、林海草原和独有的民居、蜂农等自然与人文景观交相辉映，变幻出一道道独具特色的迷人风光。暑假期间，去门源的油菜花海吧，一定会令你迷醉其间的。

门源油菜花

三江源

三江源自然保护区地处青藏高原的腹地，位于长江、黄河和澜沧江的源头水区，总面积36.3万平方千米，覆盖青海省玉树、果洛两个藏族自治州全境，海南、黄南两个藏族自治州的泽库、河南、兴海、同德4个县及海西蒙古族藏族自治州格尔木市的唐古拉乡。在这片高峻辽阔的土地上，不仅分布着众多的湖泊、雪山和冰川，也有着十分丰富的野生动植物资源；这里不仅因为是众多大江大河的发源地而被称为“中华水塔”，还因为拥有许多特有生物种类而被誉为“物种基因库”。三江源自然保护区的设立是我国生态保护和建设史上的一个重要里程碑，它建成后将和青海可可西里、西藏羌塘和新疆阿尔金山自然保护区连接在一起，构成世界上面积最大、海拔最高的自然保护区群落，成为世界屋脊雪域高原上的一片受全社会保护的辽阔土地。

青海风情

QINGHAI FENGQING

“陶”声依旧

青海被誉为“彩陶王国”，而柳湾则被称为“彩陶的故乡”。这里是世界上彩陶出土非常集中的地方，也是迄今中国发现和发掘的规模最大的原始社会氏族聚落遗址和墓葬群。

1974年，考古专家在柳湾发现了深埋在土中的新石器时代的彩陶和墓地。出土的文物有马家窑文化的半山类型和马厂类型，也有齐家文化和辛店文化。

牦牛争先祝平安

作为青藏高原上最重要的一员，牦牛在青海还肩负着娱乐的重任，那就是牦牛赛。牦牛赛一般在节日期间进行。参赛牦牛是由骑手在牦牛群中精挑细选出来的，要求它体格健壮、行动灵活、善于奔跑。比赛时骑手身穿盛装，牦牛角裹彩绸，尾扎布花，身披坐褥，头配美观的笼头，漂亮威风极了！

赛牦牛

塔尔寺法会

法会意为祈祷,是一种宗教佛事活动。塔尔寺每年举行四次大型法会 和两次小型法会，当地人将四次大法会俗称为“四大观景”。每年农历正月、四月、六月、九月是佛教的斋月，在这4个月中塔尔寺都有传统的供养法会。法会期间寺内举行诵经、讲经、辩经、祈祷、施供、布施、跳神舞、展献大佛、转金佛等佛事活动，为该寺的四大佛法盛会，也是传统的佛教节日。四大法会都有美好的缘起。正月祈愿大法会，是1409年正月由宗喀巴大师首创，后来格鲁派寺院相沿成习。四月法会是纪念释迦牟尼在这月诞生、成佛、涅槃的大法会。六月法会是纪念释迦牟尼在印度鹿野苑初转法轮的法会。九月法会是纪念释迦牟尼在忉利天为佛母摩耶夫人说法后降回人间弘扬佛法、普度众生的法会。四大法会闻名遐迩，法会之日，方圆百里内的群众赶往莲花山间，分享节日的快乐。

最美中国——飞舞的银河：最美瀑布

瀑布是大自然赋予人类的杰作之一，唐代大诗人李白曾用“飞流直下三千尺，疑是银河落九天”等诗句来形容瀑布的壮观。瀑布是流水从悬崖或陡坡上倾泻而下、或是河流纵断面上突然产生坡折而跌落形成的水流景观。在我国广阔的土地上分布着数不胜数的瀑布，它们或雄浑，或灵动，或大气，或精致，构成一幅幅壮美瑰丽的人间仙境，具有独特的魅力，带给人美的享受。

1 中国最大瀑布——黄果树大瀑布

黄果树大瀑布，是贵州第一胜景、中国第一大瀑布，也是世界上阔大壮观的瀑布之一。黄果树大瀑布是黄果树瀑布群中最为壮观的瀑布，也是世界上唯一有水帘洞自然贯通且能从洞内外听、观、摸的瀑布。从67米高的悬崖之巅跌落的是整整一条河的热忱，它既有水量丰沛、气韵万千的恢宏，又有柔细飘逸、楚楚依人的曼妙。

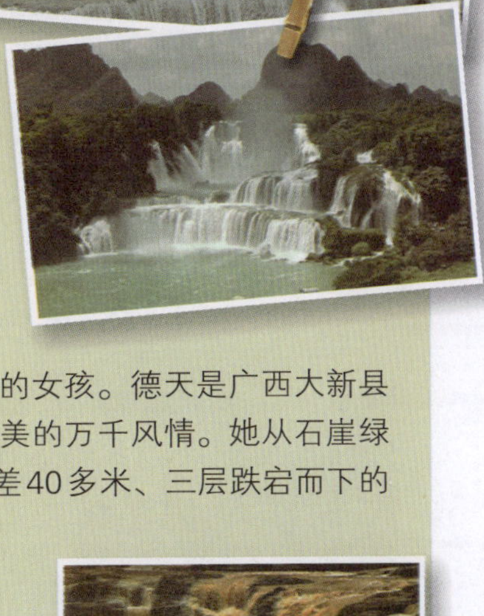

2 亚洲最大跨国瀑布——德天瀑布

归春河水在千岩万壑中划开了中越两国的界限，不论春夏秋冬，她都碧绿清澈，纯朴得像崇山峻岭中的女孩。德天是广西大新县边陲乡村的名字，归春河选择了这里展示她倔犟与柔美的万千风情。她从石崖绿树掩映中倾泻而出，飞流曲折，形成宽100多米、落差40多米、三层跌宕而下的瀑布。

3 世界第一黄色瀑布——壶口瀑布

黄河壶口瀑布风景名胜区位于黄河中游，晋陕峡谷中段，总面积约60平方千米。黄河壶口瀑布声如雷鸣，气势壮观，它以排山倒海的独特雄姿著称于世，是世界上最大的黄色瀑布。

4 最诗意的瀑布——庐山瀑布

李白的一首《望庐山瀑布》让庐山瀑布成为中国最有诗意的瀑布之一。庐山的瀑布群最著名的应数三叠泉，被称为庐山第一奇观，旧有“未到三叠泉，不算庐山客”之说。

5 中国最大火山瀑布——镜泊湖瀑布

牡丹江水系发源于长白山脉，镜泊湖是牡丹江流域上著名的高山堰塞湖泊。很久很久以前这里发生过一次火山喷发，岩浆冷凝后阻塞了牡丹江南水北流的原有河道，造就了镜泊湖。在火山喷发的那个地方，镜泊湖水与牡丹江下游的水位形成了一个巨大的落差，镜泊湖吊水楼瀑布由此而来。镜泊湖瀑布是让人震撼的，每当夏季洪水到来之时，镜泊湖水从四面八方漫来聚集在潭口，然后蓦然跌下，像无数白马奔腾，十分壮观。

6 最洁净的瀑布群——九寨沟瀑布群

九寨沟里河道纵横，水流顺着呈台阶形的河谷奔腾而下，构成数不清的瀑布。群海之间叠瀑飞泻，有的细水涓涓；有的急流直下，像巨幅银帘垂落；有的若玉带飘舞，又似哈达从天际飘来。九寨沟瀑布群，主要由诺日朗瀑布、树正瀑布和珍珠滩瀑布组成，此外还有树正群海间的梯瀑群等无数小瀑布，神奇美妙的瀑布让人流连忘返。

11

第十一章

雍梁之地

——甘肃省

【简称】甘或陇
【省会】兰州市
【面积】约43万平方千米
【行政区划】现辖12个地级市、2个自治州、17个市辖区、4个县级市、58个县、7个自治县
【地形】地形狭长，以山地、高原为主，地势自西南向东北倾斜
【气候】温带季风气候，具有明显向大陆性气候过渡的特征
【民族】汉、回、藏、东乡、保安、裕固、蒙古、撒拉等族
【风景名胜】嘉峪关市嘉峪关文物景区、平凉市崆峒山风景名胜区、麦积山风景名胜区等

地处黄河上游的甘肃，东接陕西，南靠巴蜀，西倚新疆、青海，北扼内蒙古、宁夏，是“古丝绸之路”的锁钥之地和黄金路段。这里有直插云天的皑皑雪峰，有一望无垠的辽阔草原，有苍凉的戈壁，有郁郁葱葱的次生森林，有神奇碧绿的湖泊佳泉，也有江南风韵的自然风光。让我们一起踏上神奇的“丝路之旅”，聆听那响了千年的驼铃之声吧！

地形特征

DIXING TEZHENG

甘肃地形狭长，地势自西南向东北倾斜，大致分为六大区域：陇南山地、陇中黄土高原、甘南高原、河西走廊、祁连山地以及河西走廊以北地带。陇中黄土高原和陇南山地像一条巨大的飘带，起伏于省境的东南部。南疆的“纤秀”、北国的“粗犷”，在陇南山地得到了完美的融合。终年积雪的祁连山地展现了一幅色彩斑斓的立体画面。人们在河西走廊以北地带能领略到“大漠孤烟直，长河落日圆”的戈壁风光。

敦煌鸣沙山

来到甘肃敦煌市西南郊的鸣沙山北麓，你一定会被一片“金黄沙丘”惊得目瞪口呆。这片沙丘东起莫高窟崖顶，西接党河水库，整个山体由细米粒状的黄沙积聚而成。狂风起时，沙丘会发出巨大的响声；当轻风吹拂时，沙丘又像管弦丝竹般呜咽。这就是敦煌鸣沙山。

鸣沙山有两个奇特之处：人要是从山顶滑下，脚下的沙子会“呜呜”作响；白天人们爬沙山留下的脚印，第二天便踪迹全无。

驼队

鸣沙山月牙泉

气候和资源

QIHOU HE ZIYUAN

黄河九曲十八弯

甘肃省属于温带季风气候，且具有明显向温带大陆性气候过渡的特征。气候的显著特征是：干旱少雨，温差较大，多风沙。冬季雨雪量小，寒冷时间长；春季气温上升快，冷热变化大；夏季气温高，降水集中；秋季降温快，初霜来临早。甘肃民谚中说：“二八月的天，媒婆子的脸。”诙谐幽默的谚语，真实记录了甘肃人民的生活经验。

甘肃省的矿藏丰富，风能、太阳能储量也居全国前列，野生动植物种类繁多。由于受气候的影响，这里的植物种类大多以耐旱、耐盐碱的为主，如贺兰山女蒿、瓣鳞花等。动物当然也特别适应这儿寒冷、干旱的草原或荒漠生活。

甘肃玉门风力发电厂

白 河

甘肃的河流都发源于西南山地，这些河流似乎不知道路途艰险，像调皮的孩子似的，撒开脚丫子放肆地跑哇跑哇，呈放射状向东、西北及东南分流。可是跑不了多远，大部分河流就不得不停下来，成为内流河。黄河上游河段，受岷山所阻，折转流向西北，形成180°的大转弯。白河作为九曲黄河的第一弯，就在此汇入黄河；曲折的河水分割出无数河洲、小岛，这里水鸟翔集、渔舟横渡，被中外科学家誉为“宇宙中的庄严幻影”。黄河第一弯地势平坦，水流舒缓，小岛上和岸边红柳成林。索克藏寺院修筑于黄河第一弯山凹临河处。这里还有白塔古寺，加之帐篷、炊烟相伴，黄河更显悠远博大。

西出阳关

XICHU YANGGUAN

敦煌壁画反弹琵琶

“东方卢浮宫”

敦煌莫高窟坐落在甘肃省三危山和鸣沙山的怀抱中，四周密布着沙丘，492个洞窟像蜂窝似的排列在断崖绝壁上。

相传，有一位德行高深的和尚曾西游到这里，他看见千佛闪耀，于是在崖壁上凿下第一个石窟。后来人们相继在这儿凿了一个又一个石窟，一直延续了1500年。洞窟内还有丰富多彩、色彩鲜艳的壁画，代表作《飞天》便是艺术的瑰宝。此外，还有一个面积不大的洞窟——藏经洞，洞里藏有我国古代各种经卷、文书、帛画、刺绣、铜像等60000多件。

莫高窟是举世闻名的艺术宝库，你要是前去参观，记得只能用手电筒观看，同时不要带相机进入，因为相机对文物有很大的破坏性。

丝绸之路

“丝绸之路”，一条关于丝绸的长路。它起源于汉唐时代的都城长安，经

丝绸之路

阳关、玉门关，通往亚、非、欧各国。在这条古代商路上，曾经行走着背驮彩绸的一群群骆驼，驼队后是高鼻凹眼的西域商人，他们精神饱满、谈笑风生。商人们正是在这个东方大都市开了眼界，满载货物返回故乡。同时，国外文化也源源不断流入中国。

阳关故址

阳关今何在

阳关位于河西走廊的敦煌市西南7千米处的南湖乡“古董滩”上，因坐落在玉门关之南而取名阳关。提起阳关，人们马上会想到王维的“渭城朝雨浥轻尘，客舍青青柳色新。劝君更尽一杯酒，西出阳关无故人”的诗句，这首杰作，广为流传。阳关是中国古代陆路对外交通咽喉之地，是丝绸之路南路必经的关隘。西汉置关，和玉门关同为当时对西域交通的门户。宋代以后，因与西方的陆路交通逐渐衰落，阳关逐渐废圮。游客到丝绸之路必到敦煌，到敦煌必到阳关。古迹并没有什么好看的，关键是去凭吊历史，在想象的空间里去回味。

天下雄关

嘉峪关关城在嘉峪关市区西南6千米处，位于嘉峪关最狭窄的山谷中部，地势最高的嘉峪山上，城关两翼的城墙横穿沙漠戈壁，是明代万里长城西端主宰，自古为河西第一隘口。因地势险要，建筑雄伟而有“天下第一雄关”“连陲锁钥”之称。在嘉峪关流传着一个歌颂古代工匠的传说。说是明朝修嘉峪关时，主管官员给工程主管人出难题，要求他预算用材必须准确无误。在工匠们的帮助下，工程主管人进行了精确的计算。结果工程竣工时，所备的砖瓦木石恰恰用完，只剩下一块城砖，称为“最后一块砖”。如今这块砖仍放在会极门门楼檐台上，旅游者慕名前来都要看一看这“最后一块砖”。你也去找一找这块砖吧，它一定能引发你对具有聪明智慧的古代工匠们的敬佩之情。

嘉峪关

黄河古韵

HUANGHE GUYUN

麦积山的“空中栈道”

麦积山是西秦岭山脉小陇山中的一座孤峰，它山势陡峭，山石结构松散，可是山上偏偏有许多天然岩洞，洞内还有众多的佛教窟龛、泥塑、石雕等。

每一个来到麦积山的人，除了对它的洞窟以及雕塑表示赞叹外，还会被那悬在崖壁上层层叠叠的云梯和栈道震撼。据说当年开凿石窟时，人们先是在山崖下将木头从下往上一直堆到崖壁最高处，然后再依崖开凿石窟。每凿一层，就拆除一层，再凿下一层，一直到山脚。

麦积山

为了将这些石窟连接起来，人们又修筑了一条悬在半空中的“空中栈道”——或沿崖壁开凿石阶，或将木桩打进崖壁，再在上面架起云梯，搭起栈道。

“华夏第一庙”

伏羲，在古代传说中被人称为“人文始祖”“三皇”之一，是一位很受尊敬的人。后人为了表达对他的崇敬之情，在天水市西关建立了伏羲庙，伏羲庙被誉为“华夏第一庙”。

伏羲庙临街而建，院落重重相套，四进四院，宏阔幽深。庙内原有64棵柏树，可惜现在只剩37棵了。人们说那是伏羲按八卦的演化序列排列的，每一棵柏树都能懂得凡人之言。

为了祭奠伏羲，每到伏羲的生

日，也就是传说中的农历正月十六这天，人们都要赶庙会、唱戏、施舍，把许多心里话“告诉”伏羲，期望能从他那里获得智慧，找到解决问题的办法。

黄河母亲雕塑

黄河母亲像位于兰州市黄河南岸的滨河路中段、小西湖公园北侧，是全国诸多表现中华民族的母亲河——黄河的雕塑艺术品中最漂亮的一尊，具有很高的艺术价值。雕塑由“母亲”和“男婴”组成，分别象征了哺育中华民族生生不息、不屈不挠的黄河母亲和快乐幸福、茁壮成长的中华儿女。雕塑基座上刻有水波纹和鱼纹图案，取自甘肃古老彩陶的原始图案。该雕塑构图简洁，寓意深刻，反映了甘肃悠久的历史文化。

你知道吗

兰州水车

兰州水车是一种利用黄河水流自然冲击力的水利设施，水车轮辐直径达16米多，辐条尽头装有刮板，刮板间安装有等距斜挂的长方形水斗。水车立于黄河南岸，旺水季利用自然水流助推转动；枯水季则以围堰分流聚水，通过堰间小渠、河水自流助推。当水流自然冲动车轮叶板时，推动水车转动，水斗便舀满河水，将水提升20米左右，等转至顶空后再倾入木槽，源源不断，流入园地，以利灌溉。

兰州水车

兰州黄河母亲雕塑

河西走廊上的民俗与文化

HEXI ZOULANG SHANG DE MINSU YU WENHUA

古文化的“活化石”

在庆阳民间，逢年过节，娶媳嫁女，满月祝寿，农村妇女们都要打扫庭室、裱糊墙壁，又要执剪铰纸，制作窗花。在窗框、炕围、墙壁、门扇上贴上红红绿绿的各种剪纸花，把自己的居室打扮得五彩缤纷、红红火火。

庆阳人会剪纸，庆阳人爱剪纸，闺女剪，妈妈剪，奶奶剪，奶奶的妈妈也剪……在庆阳隐藏着一支剪花大军，他们名不见经传却有着巧夺天工的手艺。庆阳人的剪纸，种类繁多，取材宽广，内容丰富多彩，保留了大量的古文化的图腾形态，被称为古文化的“活化石”。

庆阳剪纸

中华第一面

兰州拉面又叫“清汤牛肉拉面”，是兰州最为著名的风味小吃，传说起源于唐代，有一清（汤清）、二白（萝卜白）、三绿（香菜、蒜苗绿）、四红（辣椒油红）、五黄（面条黄亮）五大特点。兰州拉面制作有五大步骤，从选料、和面、醒面到溜条和拉面，都巧妙地运用了面筋蛋白质的延伸性和弹性，做出来的面条劲道美味。

兰州拉面蜡像

在兰州市的每条街道，无论大小，都至少有一两家牛肉面馆，其面、汤、肉、味、色、香都赢得了国内乃至全世界顾客的好评，被中国烹饪协会评为“三大中式快餐”之一，是地地道道的“中华第一面”。

有时间的话，一定要去兰州，尝一尝正宗兰州拉面的味道，相信你一定会不虚此行的！

12

第十二章

三秦之地
——陕西省

【简称】陕或秦
【别称】三秦
【省会】西安市
【面积】约21万平方千米
【行政区划】现辖10个地级市、24个市辖区、3个县级市、80个县
【地形】北部是高原，中部是平原，南部是山地；地势南北高、中部低，同时由西向东倾斜
【气候】由南向北分别是北亚热带湿润气候、暖温带半干旱或半湿润气候以及温带干旱半干旱气候
【民族】汉、回、满、蒙古等族
【风景名胜】西安市秦始皇陵兵马俑博物馆、华山风景名胜区等

陕西又称“古朴秦川”，是国内邻接省区数量最多的省份之一。浩浩荡荡的陶土大军保卫着秦始皇的陵寝，两千年后终见天日。三秦大地以文明见证者的姿态哺育了一代又一代中华儿女。由于地理位置的关系，陕西的美食实际上融合了多个地区的饮食特色，所以这里的饭菜哪有不好吃的道理！

地形特征

DIXING TEZHENG

黄土高原

陕西省地势南北高、中部低，北山和秦岭把陕西分为三大自然区域：北部是陕北高原，中部是关中平原，南部是秦巴山地。

陕北的黄土高原像一位刚强的战士，承受着风沙的吹打，把珍贵的水资源牢牢地藏在地下。关中平原像镶嵌在陕西中部的一颗璀璨的明珠，享受着水资源的滋润。这里地势平坦，交通便利，气候温和，物产丰富，经济发达，是全省的精华之地，号称“八百里秦川”。陕南的秦巴山地包括秦岭、巴山和汉江谷地。秦巴山地是森林资源的宝库，汉江谷地更是土质肥沃，物产丰富。

奇险天下第一山

在陕西省华阴市境内，有一座奇峭险峻的高山，多少年来吸引了无数勇敢的攀登者，那就是西岳华山。

华山海拔2160米，是一座花岗岩断块山。聪明的人们在南天门外建了一条“长空栈道”。栈道开凿在南峰西岩下面，筑在光溜溜的绝壁上，栈道宽仅30多厘米，一边空悬没有栏杆，一边崖上钉有铁索勉强可以抓牢，实在是令人胆战心惊！

华山

气候和资源

▶▶ QIHOU HE ZIYUAN

云豹

陕西气候“酷酷”的，冬季严寒而漫长，夏季凉爽又短促，降水量也不算很丰沛。来陕西旅游的朋友要注意防晒，因为这里日照很充足，足以晒伤你娇嫩的肌肤。

这里的资源具有明显的过渡性和复杂性，矿产中煤、钼、铜等储量在全国居于前列。野生动植物种类繁多，其中植物有杜仲、麻黄等，动物中金丝猴、云豹等最为著名。注意到没有，这些都是耐寒、耐旱的生物。

陕西全省河流以秦岭为界，分属黄河、长江两大水系。渭河、泾河、洛河、无定河等属于黄河水系，汉江、嘉陵江等属于长江水系。黄河干流中段纵贯陕、晋边境，峡谷很多，水流湍急，但是过了龙门，它马上就会恢复平静和缓的个性。

走进秦岭深处

在中国版图的正中心绵延着一条雄伟的山脉，被称为“中国的脊梁”，它就是秦岭。秦岭是一道东西走向的古老褶皱断层山脉。秦岭北坡短而陡，河流深切，多山涧深谷，有“秦岭七十二峪”之称；南坡长而缓，山高谷深，重峦叠嶂，云雾缭绕。这里是陕西境内著名的旅游胜地。

很多人喜欢去秦岭探险，秦岭深山是一片比较原始的森林，羚牛、野猪、黑熊等说不定什么时候就会跳出来，所以千万不要单独行动！然而总有许多勇敢的探险者，他们有着丰富的户外经验，也就能看到别人看不到的奇景，比如秦岭“石海”与“石河”。这种石海地貌，一般要在海拔3000米的地方才能看到。

你知道吗

北京香山的红叶享誉海内外。可又有谁知道，秦岭红叶比香山红叶红得更令人心动呢?

金秋十月，秦岭经历了春的妩媚、夏的激情，倾尽全力舒展大片大片跳跃的红叶。那红叶与香山红叶其实是一个树种，都叫黄栌，但因为秦岭气候和水土的缘故，这儿的红叶比香山红叶更有特色，红得令人心跳，红得令人感叹，红得令人流连忘返！

旅游画廊

LÜYOU HUALANG

世界第八大奇迹

秦始皇陵兵马俑

秦始皇陵位于西安临潼区骊山北麓，又叫“骊山园”。秦始皇陵是中国历史上第一个规模庞大、设计完善的帝王陵园。秦始皇陵筑有内外两重夯土城垣，象征着都城的皇城和宫城。陵冢位于内城南部，呈覆斗形。陵墓内的兵马俑发现于1974年，被誉为“世界第八大奇迹”“二十世纪考古史上的伟大发现之一”，是可以和埃及金字塔、古希腊雕塑相媲美的艺术珍宝。不过这座陵墓到现在还是一个神秘的“地下王国”。究竟陵墓地宫是什么样的结构？里面藏匿了多少奇器珍宝？有没有防盗机关？所有这些至今还是个谜。

秦始皇陵兵俑

天下第一陵

黄帝陵位于延安市黄陵县城北的桥山顶上，素有“天下第一陵”的称号。这个古老的陵墓里葬的并不是黄帝本人，而是他的衣冠。相传有一次黄帝东巡，突然晴天一声霹雳，一条黄龙从天而降。它对黄帝说：“你的使命已经完成，请和我一起归天吧！”当黄龙带着黄帝飞越陕西桥山时，黄帝请求下来安抚臣民。百姓从四面八方赶来，个个痛哭流涕，抓着他的衣襟不放。最后黄龙带着黄帝飞走了，留下了衣冠，百姓便在桥山给他立了衣冠冢。

现在轩辕庙内的青石上还有一对黄帝的脚印呢，据说那是一个可爱的少女为了给黄帝做鞋子偷偷画下的。你要是到了那里，可以把自己的双脚放在黄帝的脚印上试一试哟，据说这是在“踩着黄帝的脚印前进”。

西安古城墙

到西安，一定要去西安古城墙上走一圈，亲身感受一下古城墙的厚重与坚固，感受一下古代人的建筑智慧。西安古城墙一般特指狭义上的西安明城墙。西安明城墙位于陕西省西安市中心区，轮廓呈封闭的长方形，周长13.74千米，于明洪武七年到十一年（1374—1378）在隋唐皇城的基础上建成。城墙完全依据“防御”战略思想建筑，它的厚度大于高度，宽度可以跑车和操练。从隋唐皇城算起，西安古城墙已经有1400多年的历史，从明初扩建时算起，到现在也已有600多年历史，是中国保存最完整的古代城垣建筑之一。

西安古城墙

大雁塔

大雁塔是西安大慈恩寺内的一座佛塔，被视为古都西安和陕西省的象征，人们都说：“不到大雁塔，不算到西安。”所以西安之行，你一定不要放过它。最初，它是由取经归来的玄奘法师为保存由天竺经丝绸之路带回长安的经卷佛像而修建的。大雁塔作为现存最早、规模最大的唐代四方楼阁式砖塔，是佛塔这种印度佛寺的建筑形式随着佛教传播而传入中原地区并融入汉文化的典型物证，是凝聚了劳动人民智慧结晶的标志性建筑。大雁塔从唐代起就是著名的游览胜地，因而留有大量文人雅士的题记碑刻，这也是大雁塔的一个文化看点。

华清池

华清池，亦名华清宫，位于陕西省西安市临潼区骊山北麓，西距西安30千米，南依骊山，北临渭水，是以温泉汤池著称的中国古代离宫。周、秦、汉、隋、唐历代统治者，都视这块风水宝地为他们游宴享乐的行宫别苑，或砌石起宇，兴建骊山汤，或周筑罗城，大兴温泉宫。白居易、杜牧等诗人在诗作中均有提及。

壶口瀑布

壶口瀑布西临陕西省延安市宜川县壶口乡，是中国第二大瀑布、世界上最大的黄色瀑布。在水量大的夏季，壶口瀑布气势恢宏；而到了冬季，黄河水从两岸形状各异的冰凌、层层叠叠的冰块中飞流直下，颇为壮观。当然还是在夏季去更能感受到瀑布令人震撼的气势。在公路上远观，只见一片怪石嶙峋中似有水雾升腾，而奔到它面前，才发现原来三四百米宽的黄河在这里被忽然收束成三四十米，形成特大的马蹄形瀑布，直接砸进30多米的石槽中，真是“天下黄河一壶收”。许多去壶口的人都会抱怨路途的遥远，但一路奔袭过去，站在气势盛大的瀑布面前，又会感叹自然的神奇力量，感觉一切劳顿都是值得的。不信，你也去看看吧。

壶口瀑布

党家村门楼

韩城党家村

去陕西旅游的话，还有一个地方值得一去，那就是韩城。韩城是世界文化名人司马迁的故乡，产生巨人的地方一定是一块神秘的土地。韩城的出名还得益于一个小小的古村落——党家村。它是一个有近700年历史的古代民居建筑群，村寨相通，连为一体。党家村民居布局紧凑，错落有致，风貌古朴典雅，文化气息浓郁。它的奇特之处在于经历了这么多年的风雨沧桑，房屋滴水不漏，村落一尘不染，吸引了许多国家的建筑专家前来考察研究，获得了“民居瑰宝”“东方人类居住村寨的活化石”的美称。走在这个村落中古老的石砌巷道上，形式多样的高大门楼、考究的上马石、庄严的祠堂、挺拔的文星阁、神秘的避尘珠、布局合理的四合院都会让你唏嘘不已。走吧，去那里感受一下北方民居的特色及当地人质朴的生活。

终南山

你一定知道这样一副对联：福如东海长流水，寿比南山不老松。这里的南山，指的就是终南山。终南山是秦岭山脉的一段，在西安南边，是西安城的后花园。这里千峰叠翠，景色幽美，素有“仙都”“洞天之冠”和“天下第一福地”的美称。终南山还是中国出名的隐逸圣地，它在中国文化中不光是一个地理名词，还是一种传统精神。退则终南山，进则长安城，在出世与入世之间，古时的文人墨客微妙地游走着。不妨去终南山游历一番，一则观赏美景，二则感受隐逸文化。

舌尖美味

SHEJIAN MEIWEI

羊肉泡馍

羊肉泡馍

羊肉泡馍，古称“羊羹”，陕西西安的羊肉泡馍最享盛名。北宋著名文学家苏轼就曾经盛赞过呢，他留有“陇馔有熊腊，秦烹唯羊羹”的诗句。羊肉泡馍烹制精细，料重味醇，肉烂汤浓，肥而不腻，营养丰富，诱人食欲，食后回味无穷。因为它暖胃耐饥，素为西北地区各族人民所喜爱，游客到陕西也争先品尝，以饱口福。羊肉泡馍已成为陕西美食的“总代表”。怎么样？馋了吧？来一碗吧！

荞面饸饹

荞面饸饹

荞面饸饹是陕西省著名的汉族面食小吃，被誉为北方面食三绝之一，与兰州拉面、山西刀削面齐名。饸饹，古称“河漏”，用料除荞麦面粉外，还有食用碱和食盐，口感光滑顺溜，劲道爽口。

花　馍

花馍是民间面塑的代表之一，盛行于陕西关中和陕北一带。花馍在民间依不同岁时和用途有各种形式。如春节蒸大馒、枣花、元宝人；小孩子出生送面羊、面狗、面鸡、面猪；出嫁女儿给娘家送面鱼；老人祝寿用“大寿桃”等，花饰以花鸟虫鱼等为主，表达对美好生活的向往。

陕北民俗

SHANBEI MINSU

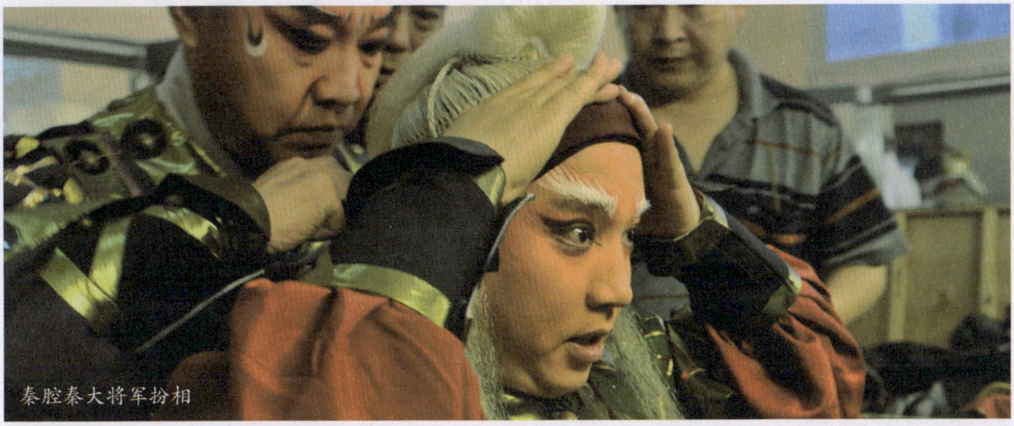
秦腔秦大将军扮相

秦腔——百戏之祖

秦腔又叫“梆子腔”，俗称“桄桄子”，是陕西地方戏的主要剧种，也是中国现存戏曲艺术中最古老的剧种，是京剧、豫剧、晋剧、河北梆子等剧种的鼻祖。据说秦腔是“秦人的腔调”的简称，有陕西人慷慨激昂、宽音大嗓的特点，它的唱腔、道白、脸谱、身段、角色、门类和演技全都自成体系，独具特色。

窑 洞

窑洞是西北黄土高原上的特色民居之一，冬暖夏凉，广泛分布在黄河中下游流域各省、自治区。陕北的窑洞主要有3种：用石砌的叫石窑；用砖砌的叫砖窑；在土崖上挖出窑洞、安上门窗而成的是土窑。一般的窑洞内有两个炕，画在墙壁和炕围上的各种花卉图案叫“炕围画”。

窑洞

过去，农民辛勤劳作一生，最基本的愿望就是修建几孔窑洞。有了窑娶了妻才算成了家立了业。男人在黄土地上刨挖，女人则在土窑洞里操持家务、生儿育女。

陕西皮影戏

皮影戏

皮影戏是中国民间广为流传的道具戏之一，又称“影子戏”或“灯影戏”，是一种以兽皮或纸板做成的人物剪影，通过灯光把雕刻精巧的皮影戏映照在屏幕上。表演时，由艺人们在幕后操动影人，伴以音乐和歌唱，同时配以打击乐器和弦乐，是一种深受人民喜爱的古老而又奇特的戏曲艺术。

陕西正是这种奇特艺术的发源地，到今天依然十分盛行，并且难得地保留着民间说书的历史痕迹。陕西皮影不仅唱腔种类繁多、表演技术高超，影人的雕刻技艺也达到了很高的水平，传统剧目有《会阵招亲》《游西湖》等。

安塞腰鼓——天下第一鼓

“腰鼓”是陕北各地广泛流传的一种民间鼓舞形式，尤其是延安地区的安塞县、榆林地区的横山、米脂等地最为盛行。腰鼓表演可以由几个人，或上千人同时进行，气势磅礴，如黑暗中的闪电，耀眼、夺目，又如草原上的狂风，强劲、有力，被称为“天下第一鼓”。

安塞腰鼓不仅威猛刚烈、铿锵有力、舞姿优美、变化多端，还融舞蹈、武术、体操、打击乐、吹奏乐、民歌为一体，将陕北人憨厚、实在、乐观开朗的性格展现得淋漓尽致。

安塞腰鼓

第十三章

世界屋脊
——西藏自治区

【简称】藏
【别称】世界屋脊
【首府】拉萨市
【面积】约123万平方千米
【行政区划】现辖1个地级市、6个地区、1个市辖区、1个县级市、72个县
【地形】分为藏北高原、藏南谷地、藏东高山峡谷、喜马拉雅山地四个地带，地势由西北向东南倾斜
【气候】由东南向西北呈带状分布：亚热带—温带—亚温带—亚寒带—寒带；湿润—半湿润—半干旱—干旱
【民族】以藏族为主，除此之外还有汉、回、门巴、珞巴等族
【风景名胜】布达拉宫、唐古拉山–怒江源风景名胜区等

西藏素有“世界屋脊”之称，由于其所在的特殊地理位置，西藏既有独特的高原雪域风光，又有妩媚的南国风采。至今，还有许多藏族人的生活习俗与高原之外的现代人有着很大的差距。在许多人眼里看来，西藏是人类庄严情愫的升华之地，充满了神秘色彩。西藏各地蕴藏着不同的文化与风情，那里有无数秘密等着你去探索。

地形特征

DIXING TEZHENG

来到西藏这片神秘的土地，可得带好氧气瓶，因为这儿平均海拔4000米，人很容易缺氧。西藏的地势西北高、东南低，山势雄奇壮观。这儿的山已经不是“高山”一个概念可以形容的了，还有极高山、高山、中山、低山之分呢。

西藏自治区的地形地貌复杂多样，分为藏北高原、藏南谷地、藏东高山峡谷以及喜马拉雅山地四个地带。

罕见的冰塔奇观

喜马拉雅山是地球上最年轻、最雄伟的高山，因为海拔极高，它成了冰川的家，喜马拉雅山脉中段北坡的山谷冰川更是世界上最雄伟壮丽、形态多姿的冰塔林。这些冰塔高度不等、形状万千，有的像丘陵，有的像金字塔，有的像高耸的城堡，有的像刺向蓝天的宝剑。

每年都会有很多人从世界各地聚集到喜马拉雅山的主峰——珠穆朗玛峰，

五色经幡

他们有一个共同的目标：站到地球上海拔最高的地方，让世界在自己的脚下！登山者们认为这种狂热运动是在挑战自我，只可惜很多人在登山过程中因为气候奇寒、氧气不足或地形险恶等各种原因而死去，他们的尸体因此被冰雪掩埋。

纳木错

中国最美的峡谷

世界上海拔最高的河流——雅鲁藏布江拦腰切开了世界上海拔最高的山脉——喜马拉雅山脉，弯弯曲曲，流经西藏南部，并且在南迦巴瓦峰形成一个举世无双的奇特的马蹄形大拐弯后进入墨脱县，最后到巴昔卡，形成了雅鲁藏布大峡谷。

传说雅鲁藏布江是冈底斯神的大儿子，有一天他同两个弟弟、一个妹妹听从父亲的吩咐分头出去闯荡。当流经雅鲁藏布江大峡谷所在位置时，他不禁思念起弟弟妹妹来。天上的苍鹰告诉他弟弟妹妹都朝南流去了，他着急万分，立即卷起巨浪，拐了一个大弯，向着印度洋方向呼啸而去，于是便形成了雅鲁藏布大峡谷。

雅鲁藏布大峡谷是世界上最长、最深的河流峡谷，峡谷中瀑布成群，瀑布伴随着彩虹，美得令人着迷。峡谷因为高海拔的关系，在同一坡面上，从高到低形成了9个垂直自然带，既有寒冷的北极风光，又有炎热的赤道风情，还有水獭、石貂、云豹等珍稀动物。

气候和资源

QIHOU HE ZIYUAN

藏羚羊

西藏自治区气候总特点为：日照时间长，太阳辐射强；气温低，日温差较大；干湿分明，多夜雨；冬春季干燥，多大风；气压低，氧气含量少。由于地形复杂，还有多种多样的区域气候和明显的垂直气候带。

这里气候复杂多样，在这儿你会知道什么叫“一山有四季，十里不同天”，不过千万要记得做好防晒、防寒准备哟！

由于特殊的地理条件，西藏的自然资源比较丰富，尤其是矿产资源。特别值得一提的是，西藏的地热和日光资源尤其丰富，那里已建成羊八井地热电站。

西藏的森林资源也非常丰富，分布着许多中国稀有甚至世界稀有的动植物，如野生牦牛、藏羚羊、雪莲花等。

这里还是中国河流和湖泊最多的地方之一，有金沙江、怒江、澜沧江、雅鲁藏布江等。这儿的河流水量丰富，因此水能资源也十分丰富。来这儿旅行的朋友可要大饱眼福了！

牧民的保护神——藏獒

藏獒产自于青藏高原，六千年前被人类驯化，和人类相伴至今。藏獒以其独有的神威外形、高贵的王者气质，被誉为“东方神犬”。

藏獒虽然体形高大，力大勇猛，使人望而生畏，但是实际上，藏獒的攻击力和咬合力较弱，不足以对狮子、老虎构成威胁，所以流传的“犬中之王”的美誉多半是炒作。

西藏自然风光

历史长廊

LISHI CHANGLANG

转经筒

消失的王朝

巍峨的古格王朝遗址坐落在西藏西部阿里地区。古格王朝始建于10世纪，是由吐蕃王室后裔建立的地方政权。古格王朝在这里沿袭了700余年。但是有过一段辉煌历史的古格王朝，在17世纪中，突然在一夜之间彻底消失了。这是为什么呢？这至今仍然是个谜。

如果你有兴趣，可以深入遗址实地“考察”一番。古格王朝虽然消失了，但依然给后人留下了无数珍贵的文物和历史资料。遗址现在保存较好的还有寺庙、殿堂，寺内残留有泥塑佛像和彩色壁画。

藏医药：有毒就有药

说起藏医药，除了藏民，谁能相信矿物、金属甚至土壤都可以入药？可是在藏医药中，正确的提炼手法可以使黄金、水泥这些剧毒物质得到合理的使用，做到对症下药。

你还可以去西藏藏医学院图书馆翻阅唐卡，表现藏医学内容的唐卡称为“曼唐”。曼唐是用纱或亚麻织物涂上胶水或白土，放在石灰水中反复浸泡，再用贝壳或其他器具摩擦，直至光滑，最后用黄金、朱砂、银粉等昂贵颜料绘出来的，是由图画构成的活的教科书。全套曼唐共有80幅，据说每幅曼唐都需要3名工匠一起描画1个月！

雪域风情

XUEYU FENGQING

雪域圣酒

藏民收获青稞

青稞酒是藏族传统饮料，是用青稞酿成的一种低浓度的酒，清香醇厚、绵甜爽净，被誉为“雪域圣酒”。藏族人民在敬酒喝酒时有不少规矩。要是到藏族人家做客，主人请喝青稞酒，客人要用右手无名指指尖沾上一点儿青稞酒，对着天空弹洒。同样的动作做完三下之后，主人就向你敬“三口一杯”酒。“三口一杯”就是连续喝三口，每喝一口，主人就给你添上一次酒，当添完第三次酒时客人就要把这杯酒喝完。

请你喝杯酥油茶

酥油茶也是藏族传统饮料。先将煮沸的茶水倒入酥油桶内，加入适量酥油和食盐，用木柄反复捣拌，使茶水、酥油与盐溶为一体，等到二者水乳交融就可以喝了。这可是女主人招待客人的一项非常费力的工作，所以去了西藏一定要喝酥油茶，一来显示你的诚意，二来可以治高原反应，并且预防因天气干燥而嘴唇干裂。此外，酥油茶还可以起到很好的御寒作用。

去藏族朋友家喝酥油茶，还要知道一些规矩。当主人给你倒完第一杯酥油茶

藏族少女

后，不要马上喝，要先和主人聊天。等主人再次提着酥油茶壶站到你面前时，就可以端起碗来，先在酥油碗里轻轻地吹一圈，将浮在茶上的油花吹开，然后喝上一口，表示赞叹。

献哈达

献哈达是藏族最普遍的一种礼节。无论是婚丧节庆、拜会尊长、还是觐见佛像、音讯往来、送别远行，都有献哈达的习惯。哈达是一种生丝织品，纺得稀松如网；也有品质优良、用丝绸做料的哈达。哈达长短不一，长者一二丈，短者三五尺。献哈达是对人表示纯洁、诚心、忠诚的意思。自古以来．藏族人认为白色象征纯洁、吉利，所以哈达一般是白色的。当然也有五彩哈达，颜色为蓝、白、黄、绿、红。蓝色代表蓝天，白色是白云，绿色是江河水，红色是空间护法神，黄色象征大地。五彩哈达是献给菩萨和近亲做彩箭用的，是最隆重的礼物。

你知道吗

在西藏旅游的一些注意事项

1.接受哈达或献哈达时，态度都应该虔诚，不要单手接或献哈达。

2.不要随意去抚摸藏族小孩的头顶；不要在藏族人身后拍手掌、吐口水。

3.不要在藏族人家中吹口哨，因为藏族人在送鬼时吹口哨。

4.在寺庙内，不要吸烟、随意摸佛像、敲钟鼓、翻经书，切忌坐活佛的座位；不得抚摸喇嘛随身佩戴的念珠、护身符等宗教器物；转经筒、经轮不得反转；不得跨越法器。

5.忌讳用有藏语的纸擦东西或当手纸。

6.在见到藏族人门外生了一堆火或插上树枝或贴一条红布时，不要进入，这表示家中有病人或是妇女在生育。

献哈达

旅游画廊

LÜYOU HUALANG

日光之城——拉萨

罗布林卡

大昭寺

拉萨是藏地之心，它既是西藏政治、文化、经济的中心，也是朝圣者心中的圣地。拉萨以风光秀丽、历史悠久、风俗民情独特、宗教色彩浓厚而闻名于世。这里阳光直射，蓝天澄澈，视野开阔。在拉萨，你可以去看雄伟的布达拉宫、信徒的圣地大昭寺、逛逛八廓街、看哲蚌寺辩经、体验罗布林卡的藏式园林风情，拉萨像一幅画卷，神秘又美丽。

最美中国
——最美的10个世外桃源

“采菊东篱下，悠然见南山。山气日夕佳，飞鸟相与还。”从陶渊明的这几句诗里，你能品出几分世外桃源的美？如果还是感觉太抽象，那就跟我走吧，这10个地方一定会让你神清气爽！

1 宁静的天堂：湖南凤凰古城

湘西的凤凰古城就像一幅山水画。这里山青水秀、人杰地灵，完好地保留了苗族、土家族的建筑风格。静静的沱江穿城而过，江流舒缓、水平如镜，舟行款款。两岸青山吐翠，城郭巍峨，悬楼吊脚，一并倒映在清流之中。

2 高原密林的故事：新疆哈巴河

哈巴河县是一个孕育着童话故事的小县城，这里森林茂密、雨雪充沛，巨大的冰川和融雪蜿蜒成最美的河流，在金光闪烁、连绵起伏的阿勒泰山脚下静静地流淌。

3 中国廊桥之都：温州泰顺县

由于险要的地理位置，温州泰顺县在崇山峻岭中散发着原始的气息，这里人烟稀少，民风古朴。这里远离了历代的战火硝烟，完好地保存了数目众多、造型各异的明清古建筑。最具特色的当属廊桥。

4 欣赏水的美丽：贵州小七孔

小七孔是一座七孔桥。从山脚一路向上，一侧是山，一侧是水，时而有参天大树倒栽葱似的“倒”在水里，时而有白花花的水帘从绿色的石头上流过，令人心旷神怡。

5 高原冰川奇景：四川海螺沟

海螺沟冰川是地球上同纬度海拔最低，离城市最近的冰川。冰川的雪粒盆是整个冰川的源泉，盆内冰雪积累到一定程度，就会翻越盆沿形成巨大雪崩。所以雪粒盆虽美丽、神秘，却只可远观不可靠近。

6 与世隔绝的香格里拉：云南坝美

这个村子不通公路不通电，进出村落需乘船经过幽深、昏暗的水洞。种田用的是木犁木耙，浇田灌溉用的是古老的木制水车，自种棉花自纺布，是真正古老天成的“世外桃源”。

7 “中国的马尔代夫”：蜈支洲岛

蜈支洲岛是躲在亚龙湾美景身后静静绽放光彩的度假天堂。与亚龙湾相比，它更宁静，也更清丽，有人曾把它称作“中国的马尔代夫”。

8 金色花海望不到边：罗平

在浩荡珠江的源头，磅礴乌蒙的南麓，20万亩油菜花把罗平的山川大地装点得一片金黄。这里是世界最大的“花园”，辽阔无边。

9 青藏高原上的明珠：然乌湖

走在然乌湖畔，两岸的山岭雄伟挺拔，坡度很陡，好像胡同两侧的围墙。然乌湖狭长的湖边，最适合悠然行走。

10 胡杨林的震撼：额济纳

一到额济纳，任何人都会被扑进眼里的金黄色震撼得呆在原地。这颜色透明、夺目，又如此奢华无忌，一切语言在它面前都显得那样苍白无力。那一定是“天堂”里的色彩，也或许是胡杨耗尽自己全部的力气在唱一首生命的绝响。

14

第十四章

天府之国

——四川省

【简称】川或蜀

【别称】天府之国

【省会】成都市

【面积】约49万平方千米

【行政区划】现辖18个地级市、3个自治州、48个市辖区、14个县级市、117个县、4个自治县

【地形】东部四川盆地被山地、高原环绕，西部为高原，全省地势西高东低，自西北向东南倾斜

【气候】东部属湿润的亚热带季风气候，西部高原属高原气候

【民族】汉、彝、藏、土家、苗、回、羌等族

【风景名胜】峨眉山景区、四姑娘山、九寨沟旅游景区、天台山风景名胜区等

四川地处中国西南，是承接华南华中、连接西南西北、沟通中亚南亚东南亚的重要交汇点和交通走廊。四川历来有“天下山水在于蜀”的说法，并有“峨眉天下秀，青城天下幽，剑门天下险，夔门天下雄”之誉。来过四川的中外游客、古今文人都会为四川雄、奇、险、秀、幽、野、古、绝的自然风光所倾倒。蜀道难，真的难于上青天吗？在交通发达的今天，这已经不是问题了，走吧。

地形特征

DIXING TEZHENG

到了四川，你要乖乖地追随那青翠的山谷以及连绵的丘陵。因为这里的地形以山地和丘陵为主，平原、高原面积狭小。东部为盆地、丘陵，中部为四川盆地，西部则是地域辽阔、地势高峻的川西北高原和川西南山地。山地在四川省分布最广，平原则以四川盆地西部的成都平原最为著名。

婀娜美丽的四姑娘山

小熊猫

在四川阿坝藏族羌族自治州有4座长年被冰雪覆盖的山峰，它们就像4位少女亭亭玉立。其中最高、最美的雪峰叫“四姑娘”。“四姑娘”海拔仅次于贡嘎山，人称“蜀山皇后”。这里植被茂盛，生物种类繁多，有金丝猴、雪豹、熊猫等国家保护动物。

蜀山之王

贡嘎山

从空中俯瞰四川，一座突出的高峰一定会引起你的注意，那就是蜀山之王——贡嘎山。

贡嘎山海拔7556米，高耸入云。巨大的冰洞、险峻的冰桥，更是让人仿佛走入神话中的水晶宫。特别是举世无双的海螺沟大冰瀑布，是我国最高、最大的冰瀑布。

气候和资源

QIHOU HE ZIYUAN

阿坝草原

四川省地处亚热带，气候复杂多样。东部属湿润的亚热带季风气候，西部山地属高原气候。全省气候的显著特点是：冬暖、春早、夏长，年均温高，日照少。

由于受东南太平洋季风和西南印度洋季风的影响，四川省东部盆地降雨量多，川西高原降雨少，旱季雨季分明。

四川省是中国矿产资源最丰富的省份之一，矿产资源储量丰富而且种类齐全。四川省的天然气、动植物资源也极其丰富，其中“国宝”大熊猫的数量居全国首位。由此可见，四川省真是一块宝地。

川八角莲

“向心状”的河流

四川这个“家伙”大概觉得“向心状”这个造型不错，便由东部四川盆地的河流组成了一个不是很对称的“向心状”水系。岷江、沱江、嘉陵江等，均从盆地边缘的山地流向盆地底部，最后注入长江干流，东出三峡。流经川西北高原的金沙江、雅砻江、大渡河等河流则是山河相间，呈平行状的水系。川西北的白河和黑河，由南向北顺势而下，注入黄河，是四川唯一向北流的网状水系。

川乡蜀地话历史

CHUANXIANG SHUDI HUA LISHI

蜀国仙山

峨眉山地势陡峭，风景秀丽，有“秀甲天下”之美誉。山路沿途有较多猴群，常结队向游人讨食，为峨眉一大特色。峨眉山山势奇秀，云雾缥缈，这样奇秀的山究竟是怎样形成的呢？

相传在很久以前，峨眉山只是一块方圆百余里的巨石，一个石匠和他的妻子决心将这块巨石打凿成一座青山。天上的神仙被他们的决心感动了，把巨石凿刻成起伏的山峦和幽深的峡谷，变出灵秀的树林、瀑布，还有欢快的飞鸟与百兽。从此，巨石成了今天的峨眉山。

乐山大佛

乐山大佛

乐山大佛是依凌云山栖鸾峰临江峭壁凿造的一尊弥勒坐像，始凿于唐开元元年（713年），历时90余年方建成。大佛依山凿成，头与山齐，脚背可围坐百人以上，被誉为“山是一尊佛，佛是一座山”。

古蜀国的奇迹

三星堆遗址是现今发现的最大的古蜀国文化遗址。这里出土了迄今国内所见到年代最早、体型最大的青铜人像，有用纯金皮包卷而成的象征王权的金杖以及

其他珍贵文物近千件。考古学家还惊奇地发现：古蜀人是跪着吃火锅的！有高柄豆和三脚镬为证。高柄豆是古蜀人进食的容器，由此看出他们吃饭是不用桌子的，而是跪坐在高柄豆前。三脚镬有点像今天的四川火锅。古蜀人也许是在三脚镬下生火，煮熟食物。

三星堆青铜面具

都江堰

都江堰位于四川省成都市都江堰市城西，坐落在成都平原西部的岷江上，是公元前250年蜀郡太守李冰父子在前人的基础上组织修建的大型水利工程，由分水鱼嘴、飞沙堰、宝瓶口等部分组成，两千多年来一直发挥着防洪灌溉的作用，使成都平原成为“水旱从人、沃野千里”的“天府之国”，是全世界迄今为止，年代最久、唯一留存、仍在一直使用、以无坝引水为特征的宏大水利工程，凝聚着中国古代劳动人民勤劳、勇敢、智慧的结晶。

成都武侯祠内的诸葛亮像

武侯祠

武侯祠是纪念三国时蜀汉丞相武乡侯诸葛亮的祠堂，诸葛亮生前封“武乡侯”，死后谥号“忠武”，故纪念他的祠堂称作“武侯祠”。成都武侯祠（汉昭烈庙）位于成都市武侯区，它是中国最负盛名的诸葛亮、刘备及蜀汉英雄纪念地，也是全国影响最大的三国遗迹博物馆。成都武侯祠现占地15万平方米，由三国历史遗迹区（文物区）、西区（三国文化体验区）以及锦里民俗区（锦里）三部分组成，享有“三国圣地”的美誉。

都江堰全景

美丽的童话世界

MEILI DE TONGHUA SHIJIE

童话世界

九寨沟美景

九寨沟位于九寨沟县漳扎镇，是岷山山脉万山丛中的一条山沟谷地，因为沟里有九个古老的藏族村寨，所以叫“九寨沟”。

九寨沟湖泊密布，还有雪峰绿树，林岚飞瀑，被誉为“童话世界”。相传古代有位男神达戈，爱上了女神色嫫，为了让色嫫高兴，特地取来九天风云做成的宝镜送给她。哪知女神不小心将宝镜掉落到九寨沟，宝镜摔成了114块碎片，变成了九寨沟114个高山湖泊。

东方女儿国

在这世界上有一些地方不是一般人能去得了的，就是因为它们如此神秘恐怖才吸引来一批又一批的冒险者。位于四川、云南两省交界处的泸沽湖就是这样一个让人义无反顾一定要走走瞧瞧的地方。

泸沽湖四周都是崇山峻岭，一年有三个月以上的积雪期，山上绿树森然，去探险的话还真得做好万全的准备。不过当地的摩梭人可不怕，他们崇拜泸沽湖，

泸沽湖

称它为“母亲湖”。

泸沽湖还有一个令人惊异的地方，就是这里的男不娶、女不嫁的“走婚”习俗。当地摩梭人不需要结婚，女人永远住在自己家里，和心爱的男人生下自己的孩子，可是孩子的爸爸却不是这个家庭的一员，也不需要抚养孩子。怪不得，泸沽湖还有一个美丽的名字——女儿国。

黄龙寺

黄龙寺风景名胜区位于阿坝藏族羌族自治州松潘县境内，主景区黄龙寺离松潘县城56千米。景区由黄龙寺、单尼沟、雪山梁、雪宝顶、丹云峡等景点组成，面积700平方千米。景区以其奇、绝、秀、幽的自然风光而蜚声中外，被誉为“人间瑶池”。

黄龙寺

稻城亚丁

亚丁风光

亚丁风景区位于四川省甘孜州稻城县东南约130千米处，它的景致保持着在地球上近乎绝迹的纯粹，被国际友人誉为“水蓝色星球上的最后一片净土”。景区内的主要景点就是三座“神山”以及蒙自大峡谷、俄初山、阿西高山公园等。如果你喜爱摄影，一定要去这个被誉为“摄影爱好者的天堂”的地方，它一定不会让你失望。不过，去那里要注意预防高原反应，因为亚丁风景区海拔在2900米以上，属于高原环境。

文化长廊

WENHUA CHANGLANG

川剧变脸

会变脸的戏曲

川剧历史悠久，川剧的变脸更是让人匪夷所思：一张脸刹那间是如何变出十四张的？变脸大体分三种：

一、“抹脸”：是将化妆油彩涂在脸上，用手往脸上一抹，便可变成另外一种脸。

二、“吹脸”：是演员在做伏地的舞蹈动作时，趁机将脸贴近粉盒，一吹，变成另一种颜色的脸。

三、“扯脸”：是事先将脸谱画在一张张的绸子上，剪好，每张脸谱上都系一把丝线，再一张一张地贴在脸上，表演时干净利落地变脸。

此外，还有一种“运气变脸”，要求演员运用气功使脸由红变白，再由白转青等。

“三蒸九扣”九大碗

在四川，凡是遇到民间婚娶、新居落成、小儿诞生、老人寿辰等喜事，都要办一顿丰盛的酒席。按照传统习俗，除了猪肉以外，还必须上鸡、羊等菜，菜的种类没有特定要求，但必须是九碗，所以叫“九大碗”。因为这种筵席的蒸菜及腌腊较多（都是肉类），行话叫作“三蒸九扣”（锅蒸、笼蒸、碗蒸），后来发展演变为上九道菜，依次是：干盘菜、凉菜、炒菜、镶碗、墩子、膀、烧白、鸡、汤菜。哈哈，没流口水吧？

九大碗

15

第十五章

山城雾都
——重庆市

【简称】渝
【别称】山城、渝都、桥都、江城、雾都
【面积】约8.2万平方千米
【行政区划】现辖19个区、15个县、4个民族自治县
【地形】以山地、丘陵为主，还有台地和平坝等。地势南北高、中间低，从南北两面向长江河谷倾斜
【气候】中亚热带湿润季风气候
【民族】汉、土家、苗、回、满等族
【风景名胜】重庆大足石刻景区、重庆巫山小三峡——小小三峡、缙云山风景名胜区等

巍峨的高山、低回的河谷，承载着重庆3000年的文明史。在浩荡的历史长河中，重庆以其巨大的凝聚力和辐射力，成为古代区域性的军事政治中心和重要的商业物资集散地。如今，重庆是中国最年轻的直辖市，也是近年来发展最快的城市之一。它既是山城、江城、雾都，又集巴渝文化、移民文化、陪都文化于一体，如同一片热带森林，火热、喧嚣、生命力旺盛。快走进这个神奇的城市，一起去吃麻麻辣辣的火锅吧！

地形特征

DIXING TEZHENG

景色优美的地方大多“依山傍水”，重庆市就是这样的“美山美水”之地。重庆市境内山脉连绵起伏，河流纵横交错。北部、东部及南部分别有大巴山、巫山、武陵山、大娄山环绕，长江、嘉陵江穿城而过，这使得重庆既以“江城”著称，又以“山城”扬名。全市处于四川盆地地形区的东部，海拔700～800米的华蓥山、方斗山等山岭间有河谷相间分布，称川东平行岭谷。地形复杂，多沿河流、山脉起伏。地势南北高，中间低，从南北两面向长江河谷倾斜。

气候和资源

QIHOU HE ZIYUAN

重庆市属中亚热带湿润季风气候，气候特点为“春早气温不稳定，夏长酷热多伏旱，秋凉绵绵阴雨天，冬暖少雪云雾多”。重庆7月至8

月气温最高，与武汉、南京同为长江流域的3大“火炉”城市之一。

说到“雾都”，你首先想到的是英国伦敦吧？其实，重庆也被称为“雾都”呢，每年10月至来年4月是多雾的季节，年均雾日104天。大雾之日，出行非常不方便，但重庆的雾景也别有一番情致。

目前，重庆已发现矿产68种，已查明资源储量的矿产有54种，主要有煤、天然气、锶、硫铁、岩盐、铝土、汞、锰、钡、大理石、石灰石、重晶石等。特别是煤、天然气、铝土矿、盐矿、锶矿、锰矿和钡矿等的储量、品位在全国都有明显优势。

重庆地区有各类动物资源380余种，其中野生珍稀动物主要有毛冠鹿、林麝、大灵猫、水獭、云豹、猕猴、红腹锦鸡等；有江河鱼类120多种，鱼类养殖遍及各区县。同时，重庆境内江河纵横，水网密布，水及水能资源十分丰富。重庆石灰石地质地貌突出，溶洞较多，有丰富的地下热矿泉水和饮用矿泉水，开发前景良好。

壮丽雄奇山水画廊

从重庆市奉节县白帝城，到湖北省宜昌市南津关的河段上，有3座著名的峡谷，由西向东依次为瞿塘峡、巫峡、西陵峡，这就是长江三峡。这里峡大谷深，名胜古迹也很多，白帝城、南津关、孙夫人庙等游览胜地同旖旎的山水风光交相辉映，怪不得李白乘舟经过这里留下了优美的诗句：“朝辞白帝彩云间，千里江陵一日还。两岸猿声啼不住，轻舟已过万重山。”

长江三峡自然保护区

历史弄堂

LISHI LONGTANG

“徒有虚名”白帝城

白帝城

喜欢旅游的朋友，坐船过奉节，顺流而下，遥望瞿塘峡口，可以见到长江北岸高耸的山头上，有一幢幢飞檐楼阁，这就是名扬神州的旅游胜地白帝城。

白帝城，原名“子阳城”，是历代兵家必争之地。西汉末年公孙述占据蜀地，在山上筑城，他见城中一口井经常冒白气，宛如白龙，于是借机自号白帝，把这座城命名为“白帝城”。公孙述死后，当地人在山上建庙立公孙述像，称“白帝庙”。但是因为公孙述并不是出身于皇室血统，后人又将他的神像毁灭，改祭江神、土神和马援像，改称“三功祠”。到明代又改祀刘备、诸葛亮像，称“正义祠”，以后又添供关羽、张飞像。从此，“白帝庙内无白帝”。

白公馆、渣滓洞

提起重庆，很多人会想起抗战时期红色重庆的种种传说，想起白公馆、渣滓洞，想起小萝卜头、江姐等曾经在这里死去的冤魂。腥风血雨的历史已经远去，

白公馆森严的大门

但永远不应该被遗忘。那么，不妨去歌乐山的郁郁苍山中寻访一下著名的白公馆与渣滓洞吧。

令人费解的“悬棺”

在巴雾峡东岸的绝壁上，有一个长方形的洞穴，里面凌空架放着一具漆黑的棺木，这就是古代越族人的“悬棺”。越族是中国古代的一个少数民族，大约在春秋前后定居在如今的重庆地区以及川南、滇东、黔西北一带。他们以高超的智慧将棺木放入悬崖绝壁上的洞中，令人叹为观止。

大足石刻

大足石刻为重庆市大足区境内摩崖造像石窟艺术的总称，是世界八大石窟之一，有“东方艺术明珠”之称，是中外游客川渝之行的必游之地。大足石刻群有石刻造像70多处，总计10万多躯，其中以宝顶山和北山摩崖石刻最为著名，代表中国唐、宋时期最高水平的石刻造像艺术。其以佛教造像为主，儒家、道教造像并陈，充分展示了中华民族忠孝、诚信、礼仪、廉耻的核心价值理念，是中国晚期石窟造像艺术的典范，与敦煌莫高窟、云冈石窟、龙门石窟、麦积山石窟等中国四大石窟齐名。其规模之宏大，艺术之精湛，内容之丰富，保存之完好，更是世界罕见。这些石窟塑像雕刻之精细、技艺之高超、仪态之俊美典雅，非文字所能形容，不如亲自去看看吧。

大足石刻

渝乡风情

YUXIANG FENGQING

龙灯舞起来

铜梁是著名的“中国民间艺术之乡”，以龙灯艺术享誉海内外。铜梁龙灯是一种以“龙”为主要道具的龙灯舞和彩灯舞，舞蹈套路非常丰富，特别是闻名遐迩的铜梁大龙全长50米，或腾越、或翻滚、或造型，交替变换。慢舞时雍容大度，优美抒情；快舞时激越奔放，动人心魄。铜梁火龙更是独具魅力，打铁水、喷火花，人在火中舞，龙在火中飞，场面热闹极了。

每年正月初一至十五元宵节，铜梁全县各种龙灯大汇演，各类艺术大展赛，历时半个月，热闹非凡。如果你有机会的话，最好不要错过哟！

铜梁龙舞

麻辣行天下

重庆火锅料

说起重庆山城火锅，一个字“辣”！两个字“麻辣”！

重庆火锅于20世纪20年代开始在重庆江北城发展壮大。一般挑担子零卖小贩将水牛毛肚买来后，洗净煮一煮，而后将牛肝、牛肚等切成小块，在担头上置泥炉一具，炉上放分格的大铁盆一个，盆内翻煎倒滚着一种又麻又辣又咸的卤汁，人们将切成块的牛肝、牛肚等蘸着卤汁吃，这就是最原始的重庆火锅。

今天这种传统美食被搬入大型火锅店，用料也更加讲究，火锅种类也越来越多，“毛肚火锅”“清汤火锅”“鸳鸯火锅”最受大众欢迎。

你准备好餐巾纸了吗？据说，被辣得流眼泪的时候用得着。

16

第十六章

群山之省
——贵州省

【简称】贵或黔

【省会】贵阳市

【面积】约18万平方千米

【行政区划】现辖6个地级市、3个自治州、13个市辖区、7个县级市、56个县、11个自治县、1个特区

【地形】地势西高东低，自中部向北、东、南三面倾斜

【气候】亚热带湿润季风气候

【民族】汉、苗、布依、侗、水、回等族

【风景名胜】黄果树风景名胜区、龙宫风景名胜区、赤水风景名胜区等

贵州省位于中国西南的东南部，东毗湖南，南邻广西，西连云南，北接四川和重庆。境内地势西高东低，素有“八山一水一分田”之说。贵州秀丽古朴、风景如画，是世界上岩溶地貌发育最典型的地区之一，有最绚丽多彩的喀斯特景观。未来的贵州一定会建成中国最美丽的国家公园。

地形特征

DIXINAG TEZHENG

贵州省属于贵州高原的主体部分。地势由西向东呈阶梯状下降，再由中部向东、南、北倾斜降低。全省山地居多，素有“八山一水一分田”之说。这儿的漏斗天坑、溶蚀洼地、溶洞等景观有很多。喜欢峰林、峰丛的朋友也可以来这儿“凑凑热闹”哟！

梵净山

第一名山不一般

梵净山原名“三山谷”，是贵州第一名山。这里有10亿～14亿年前形成的奇特地貌景观：孤峰突兀，断崖陡绝，沟谷深邃，瀑流跌宕。亿万年的风雨侵蚀，雕琢了老金顶附近的高山石林峰群，像“蘑菇石”“老鹰岩”“万卷书”“将军头”等，就像是雕刻家专门刻上去的。在金顶北大约1000米处，有一个天然石洞，叫九皇洞，传说是仙女修炼的地方，洞内还有梳妆井和磨簪石呢。

贵州万峰林

气候和资源

QIHOU HE ZIYUAN

珙桐

贵州省属亚热带湿润季风气候，气候温和湿润，冬无严寒，夏无酷暑。省内气候从东到西、从南到北、从低纬度到高纬度变化明显，形成了多种气候类型，有“一山分四季，十里不同天”的说法。这里的水资源丰富，流水蜿蜒于崇山峻岭间，时而奔腾穿泻于深峡幽谷，时而跌宕坠落于深涧。

贵州是著名的矿产资源大省，已发现矿产110多种，其中有76种探明了储量，有多种保有储量排在全国前列。煤炭储量大，有“江南煤海”之称。河流数量较多，长度在10千米以上的河流有984条，水位落差集中的河段多，开发条件优越。野生动物资源有1000余种，其中有黔金丝猴、黑叶猴、华南虎等14种国家一级保护动物；珍稀植物有70多种被列入国家珍稀濒危保护植物名录，其中银杉、珙桐、秃杉、桫椤等4种属国家一级保护植物。

织金洞：溶洞传奇

织金洞

织金洞原名“打鸡洞”，位于贵州省织金县城东北的官寨乡。它是一座规模宏伟、造型奇特的洞穴资源宝库。

来到织金洞，你一定要去迎宾厅看看，迎宾厅厅顶有直径约10米的圆形天窗，阳光可以直射洞底；窗沿串串滴落的水珠，在阳光的照耀下，仿佛撒下千千万万枚金钱，被称为“圆光一洞天”，又名“落钱洞”。

侧壁旁有一个小厅，小厅里有一块10多米高的钟乳石，形状像核弹爆炸后冉冉升起的蘑菇云，因此这个小厅就叫“蘑菇云厅”。

是不是很奇妙啊？赶紧去看看吧！不过去织金洞旅游的最佳季节是初春到深秋，因为冬季山区较冷，不适宜旅游。还要记得穿长衫长裤去，注意保暖，因为织金洞里空气较凉，潮气较重，穿得太少，会感觉冷。

黄果树大瀑布

旅游画廊

LÜYOU HUALANG

黄果树大瀑布

黄果树风景名胜区分布着雄、奇、险、秀风格各异的大小18个瀑布，形成一个庞大的瀑布“家族”。在这个大家族中，最有名、最壮观的当然要数黄果树大瀑布啦。黄果树大瀑布的主瀑布高67米，宽83.8米，是世界上唯一可以从上、下、前、后、左、右六个方位观赏的瀑布。这是因为在主瀑布后有一个水帘洞，长134米，贯穿全瀑。在6月至8月的雨季时期，从瀑布背后的水帘洞里穿行而过，轰鸣的水声，飞溅的水珠，霭霭白雾，让你有如临仙境的感觉。当然，进入水帘洞领略黄果树大瀑布的雄奇和壮观的时候，你一定要记得穿上雨衣。另外，告诉你一个小秘密，在黄果树大瀑布前拍照一定要选好位置，在犀牛潭边上去拍瀑布，那里的景色、视角和取光是最理想的。

西江千户苗寨

西江千户苗寨是一个完整保存苗族“原始生态”文化的地方，由十余个依山而建的自然村寨相连成片，是目前中国乃至全世界最大的苗族聚居村寨，位于黔东南苗族侗族自治州雷山县西江镇。西江千户苗寨是一座露天博物馆，展览着一部苗族发展史诗，成为观赏和研究苗族传统文化的大看台。西江每年的苗年节、吃新节、十三年一次的牯藏节等均名扬四海。西江有远近闻名的银匠村，苗族银饰全为手工制作，其工艺具有极高水平。

西江千户苗寨

赤水丹霞地貌

赤水丹霞

赤水丹霞位于贵州省赤水市境内，是早期丹霞地貌的代表，其面积达1200多平方千米，是全国面积最大、发育最美丽壮观的丹霞地貌。这里发育了最为典型的阶梯式河谷与最为壮观的丹霞瀑布群，保持了最完整、具有代表性的中亚热带森林生态系统和物种多样性，形成丹山、碧水、飞瀑、林海相结合的丹霞景观。

舌尖美味

SHEJIAN MEIWEI

黔菜，是中国八大菜系之外比较独特的一个风味流派，既吸纳了各大菜系的精华，又有自身不可替代的特色，被食文化专家称为“以贵州山区特有的物产与百姓风格为基础的一种内陆菜”。黔菜的总体特点就是酸鲜、辣醇，因为贵州自古以来少盐，所以少数民族以食酸增补体能，吃了酸走路就不会打“窜窜”了。贵州小吃很多，较为传统的有贵阳丝娃娃、毕节汤圆、贵阳肠旺面、侗乡腌鱼、遵义羊肉粉等。走，跟我们一起来一趟舌尖之旅吧。

遵义羊肉粉

遵义羊肉粉是一道美味可口的汉族小吃，已有300余年制作历史。羊肉熟透而不烂，米粉雪白，汤汁鲜醇红亮，辣香味浓，油大不腻。用鲜羊肉熬汤，浇米粉，放羊肉片、调料而食。清香味鲜，滚烫辣香，汤清不浊。贵州各地均产羊肉粉，唯有遵义羊肉粉驰名。遵义市的大街小巷，羊肉粉馆鳞次栉比，食客之多，首屈一指！

遵义羊肉粉

贵阳肠旺面

贵阳肠旺面是贵州贵阳市极负盛名的一种汉族风味小吃，有山西刀削面的刀法，兰州拉面的劲道，四川担担面的滋润，武汉热干面的醇香，以色、香、味“三绝”而著称，具有血嫩、面脆、辣香、汤鲜的风味和口感以及红而不辣、油而不腻、脆而不生的特点。

侗乡腌鱼

侗乡腌鱼，是黔东南侗乡农民以稻田鲤鱼作为原料，经精制加工的传统咸鱼食品，能长期贮存食用。这种腌鱼，风味独特，由咸、麻、辛、辣、酸、甜六味组成，吃起来骨酥肉软，鲜嫩可口，味极鲜美香郁，营养丰富，腌鱼可出桶即食，也可煎食、火烤、炒食，具有增强食欲、生津助消化和健脾开胃之功效。

黔乡风情

QIANXIANG FENGQING

高山顶上吹芦笙

苗族姑娘

每年农历正月初三、初四、初五这三天，是苗族的盛大节日——踩花山。苗家男女老少，穿金戴银，从四面八方赶到花杆山脚下，吹芦笙、弹响篾、踢脚架、耍大刀、斗牛、爬花杆等。爬花杆是苗族人特有的娱乐活动，在花杆场上，高高地竖立着一根十多米长的花杆，花杆上装饰着绿叶。一个苗族小伙子腰扎彩带，头箍布帕，背贴花杆，伸出两只手，举过头顶，反扳住花杆，两只脚轻轻向上一举，就头朝下、脚朝上，一纵一跃，向花杆顶端爬去，一个爬了另一个接上。顿时，叫好声此起彼伏。

踩花山时，场上还有一群最惹人注目的“花蝴蝶”，她们就是穿着华丽衣服的苗族姑娘。她们互相赞美那些精工细作的银首饰和刺绣作品，这是她们展示自己聪明才智的最好机会。

白银世界的传说

苗族是一个像凤凰一般艳丽炫目的民族，苗族人创造的苗族服饰和银饰，足以令世界上所有人都大吃一惊。苗族银饰可分头饰、颈饰、胸饰、手饰、盛装饰和童帽饰等，都是由苗族银匠精心做成的，据说已有上千年历史。这些银饰既大，又重，而且多，好些地方苗族女子全身的盛装银饰加起来有二三百两重。在苗族人看来，这是一种美与力量的展示，也是一种财富的展示。

从某种意义上来说，苗族银饰不是普通的饰物，它既是艺术品，又超越了艺术的功能。

精美的苗银花冠

贵州傩戏

贵州在历史上很少受到各种外来干扰，又有巨岭恶瘴做自然壁垒，加之地处荆楚、巴蜀文化的交汇地带，因此成为古老华夏文化的天然储存地，多种地域文化的沉积带，留下很多古老的文化，其中最具代表性的就是贵州傩戏文化。贵州傩戏具有民族多、品种多、层次多、分布广、保存完整等特点。其代表为：威宁彝族傩戏“撮泰吉”（变人戏），黔东北铜仁地区傩戏群，黔北遵义地区傩戏带，黔中安顺等地区的地戏群。

傩戏的演出形式很有特点。演员佩戴面具是傩戏区别于其他戏剧的重要特征。演出时，傩戏剧目是穿插在开坛等宗教法事活动中进行的，其间还会有捞油锅、过火炕、踩火砖、吞火吐火、踩刀梯等特技表演。

国酒之乡

茅台酒产于贵州省仁怀市茅台镇，被尊为中国的国酒，同英国苏格兰威士忌和法国柯涅克白兰地并称为“世界三大名酒”。茅台酒历史悠久，素以色清透明、醇香馥郁、入口柔绵、清冽甘爽、回香持久等特点而闻名。如今，茅台酒享誉全球，畅销海内外。

安顺蜡染

安顺蜡染

安顺蜡染是苗族、布依族世世代代流传下来的优秀民族民间传统工艺，是宝贵的非物质文化遗产。它是纯手工制作的，程序繁复、考究，其效果明快、质朴，极具研究和欣赏价值。多年来，经过蜡染工作者及民族民间艺人的不断传承与创新，蜡染用的材料及色彩得到了极大的丰富，在表现形式上已经多元化，不只有传统民族民间的纹图样式，题材和内容融入了佛教文化、汉族文化乃至西方文化，表现手法也运用了国画、西画等技法。丰富多彩的题材、取长补短的手法，使安顺蜡染更富活力与生机，更加增添了蜡染的品位和风韵。

17

第十七章

彩云之南
——云南省

【简称】云或滇
【省会】昆明市
【面积】约39.4万平方千米
【行政区划】现辖8个地级市、8个自治州、13个市辖区、12个县级市、75个县、29个自治县
【地形】以山地为主，山地、高原、盆地相间分布，地势西北高、东南低，自西北向东南呈阶梯状逐级下降
【气候】有北热带、南亚热带、中亚热带、北亚热带、南温带、中温带和高原气候区域共7个气候带类型
【民族】少数民族约占全省人口1/3，有彝、白、傣、哈尼等族
【风景名胜】玉龙雪山风景名胜区、西双版纳风景名胜区、“三江并流”风景名胜区等

丰富的民族文化、动人的民族歌舞、美丽的服饰、精美的建筑，都使云南这片土地显得更加神奇和美丽，用“七彩云南”来描述这片土地是最合适不过的。只要踏上这片土地，总会有那么一个地方让人无比感动，徘徊流连。

地形特征

DIXING TEZHENG

苍山洗马潭

来到云南，放眼望去，山地、高原引人瞩目，坝子在这儿星罗棋布。整体来看，云南省的地形分为两部分，东部为滇东、滇中高原；西部高山峡谷相间，高差相对较大，地势险峻。全省地势西北高、东南低，自西北向东南呈阶梯状逐级下降。

苍山、洱海

苍山，又叫“点苍山”，山顶上分布着不少高山冰碛湖泊，18条溪水泻于19峰之间，滋润着山麓坝子里的土地，也点缀了苍山的风光。

洱海，是一个风光明媚的高原湖泊，形状狭长，据说特别像人的耳朵，所以叫“洱海”。传说从前有位仙女羡慕人间的生活，下凡来到洱海边，与一个青年渔民结了婚。为了让渔民打到更多的鱼，她把自己的一面宝镜放入海底，把鱼照得一清二楚。后来，那面宝镜在海底变成了金月亮，这就是洱海月。每当月出时分，你就能在洱海边看到一个明晃晃的“月亮”在水中跳跃嬉戏呢！

洱海

气候和资源

QIHOU HE ZIYUAN

酸角树

云南省属亚热带、热带高原季风气候，气候的区域差异和垂直变化十分明显。南部湿热，高原四季如春，西北和东北部山地较为寒冷，表明了云南“立体气候”的特点。

云南被称为“有色金属王国”，全国160多种自然矿产中云南就有150多种，其中铜矿、锡矿等有色金属矿产产量居全国前列。

云南云集从热带、亚热带至温带甚至寒带的植物品种。其中比较有特色的物种有望天树、跳舞草、丽江云杉、橡胶树、三七、酸角树等。云南动物资源也很丰富，其中滇金丝猴、绿孔雀、小熊猫、蟒、亚洲象、抗浪鱼、黑颈鹤等为特色物种。

云南省降雨充沛，河流众多，水资源丰富。

仙人遗田

白水台位于香格里拉市东南部三坝乡的白地。早在唐宋年间，白水台就成为滇西一带有名的游览胜地。白水台是天然形成的华泉台地，由于该地水中含有大量的碳酸钙，泉水喷涌而出，经过阳光折射产生化学反应，日积月累，逐渐形成了形似梯田的奇观。

白水台

相传，纳西族的两位天神为了让当地的纳西族人学会造田耕地，特地变幻出来这样一片“梯田”，所以白水台又有“仙人遗田”的美称。

旅游画廊

LÜYOU HUALANG

小桥流水人家

丽江古城

丽江古城，又叫“大研镇”，位于云南省丽江市，坐落在丽江坝中部，美丽的玉龙雪山下。这是一座既有高原水城风貌，又有南方水乡韵味的古城，古朴的民居、青石板小路、红色的灯笼、桥下流水中的小鱼，构成了丽江古城独有的魅力与风情。

漫步在丽江古城悠长的小巷，踩着脚下光滑洁净的青石板路，看着完全手工建造的土木结构的房屋以及无处不在的小桥流水，你会惊呼：“这里就是寻梦的地方，真的好美！”

云南石林

云南石林“冬无严寒、夏无酷暑、四季如春”，是世界上唯一一个位于亚热带高原地区的喀斯特地貌风景区，素有“石林博物馆”的美誉。

石林地区，各种形状的奇峰怪石，平地挺起。有的矗立如林，有的峻拔如墙。有的石峰高达三四十米，也有的只有几米。天晴时，石峰呈灰白色，下雨时则变为褐黑色。置身石林，不仅可以得到自然美的享受，还可以了解当地风土人情。

云南石林

迷离蝶树

在美丽的大理苍山云弄峰下，有一眼方形的泉潭，泉底是卵石，泉水从白沙中涌出，清澈如镜、甘洌清甜。在泉池的西北，有一棵苍劲的合欢古树，枝叶婆娑，树荫遮天蔽日，横跨泉上。每当春末夏初，古树开花，就像一只巨大的飞舞的彩蝶，摇曳生姿，并且散发出诱人的清香味。这时候，成千上万只蝴蝶翩翩飞来，一只只“连须钩足”，从枝头一直悬挂到泉面，形成千百个蝶串，像一条条五彩缤纷的彩带。这泉，就是蝴蝶泉；这古树，就是蝴蝶树。

清代诗人沙琛曾在《上关蝴蝶泉》中这样赞道：“迷离蝶树千蝴蝶，衔尾如缨拂翠湉。不到蝶泉谁肯信，幢影幡盖蝶庄严。”这样的奇景，你要错过吗？

> **你知道吗**
>
> **石林是怎样形成的？**
>
> 大约在2亿多年以前，这里是一片汪洋大海，沉积了许多厚厚的大石灰岩。后来因为地壳的运动，岩石露出了地面。约在200万年以前，由于溶蚀作用，石柱彼此分离，又经过常年的风雨剥蚀，才形成了今天这种千姿百态的石林。

香格里拉

在美丽的彩云之南，有一片神奇的土地。那里有神圣的雪山、幽深的峡谷、飞舞的瀑布、被森林环绕的宁静湖泊、徜徉在辽阔草原上的成群牛羊、净如明镜的天空以及金碧辉煌的庙宇；那里是人间的天堂；那里，太阳和月亮就停泊在人们的心中；那里，有个香飘四溢的名字——香格里拉。

这儿有众多高山冰碛湖，其中黑海的水像墨一样黑，湖水幽深神秘，一年四季景色各不相同。最奇特的是，人们只要站在湖边大声呼喊几声，就会有细雨纷纷落下来，有时甚至会有暴雨倾盆而下，将人淋得像落汤鸡一样。这样的呼风唤雨，神话故事里的神仙才做得到吧？

香格里拉风光

西双版纳风光
西双版纳热带雨林

西双版纳

西双版纳，意思是“理想而神奇的乐土”，这里以神奇的热带雨林自然景观和少数民族风情而闻名于世。

西双版纳是一个没有冬季的地方。如果6～9月到西双版纳旅行，就有机会尝遍那里的热带水果，便宜得让北方人大跌眼镜。

西双版纳还有上百万亩的热带雨林，这里林木参天蔽日，珍禽异兽比比皆是，奇木异葩随处可见。离泰国、缅甸很近的西双版纳充满了佛风，佛塔寺庙与傣家竹楼、翠竹古木交相掩映，呈现一派神圣景象。

最温暖的雪山

玉龙雪山位于云南丽江北部，与哈巴雪山对峙，气势磅礴、玲珑秀丽。玉龙雪山是北半球最靠近赤道的雪山，山上平均气温比世界其他雪山的温度都高，被誉为“最温暖的雪山”。随着时令和阴晴的变化，有时云蒸霞蔚、玉龙时隐时现；有时碧空如水，群峰晶莹耀眼；有时云带束腰，云中雪峰皎洁，云下岗峦碧翠；有时霞光辉映，雪峰如披红纱，娇艳无比。

滇南风情

DIANNAN FENGQING

泼水节

泼水节

傣族的新年，要举行热烈而隆重的泼水祝福活动，外地人都把它称为“泼水节”，泼水节吸引了众多国内外的游客参与，被誉为“东方狂欢节”。傣历不同于公历。傣历六月泼水节一般在公历四月中旬，为期三至四天。快去参与泼水节，一起狂欢吧！

可以喝的古董

云南普洱茶是云南独有的大叶种茶树所产的茶，是中国名茶中最讲究冲泡技巧和品饮艺术的茶类。普洱茶主要产于云南省的西双版纳地区，这里终年雨水充足、云雾弥漫、土层深厚、土地肥沃、无污染，所产茶叶是纯绿色茶饮。普洱茶香气独特醇香，滋味醇厚回甘，叶底褐红，有降脂、减肥、养颜、降压、防癌、健齿护齿等保健作用。

茶园

过桥米线

“过桥米线”是在煨好的鹅汤中加入米线和其他食物的一种独特吃法，是滇南地区特有的食品，已有100多年的历史。现在的过桥米线由四种食材组成：汤、片、米线和佐料。

初去云南吃米线的人如果不向别人请教会闹出笑话：汤是滚烫的，由于表面有一层鹅油，一点儿热气也没有，初食者往往误认为汤并不烫，便直接用嘴去喝，这样很容易烫伤嘴唇。因此，在食用时不能用嘴直接去喝汤，应先吃鹌鹑蛋，再吃生片，趁汤是最高温的时候将生片烫熟。

长街宴

长街古宴作为哈尼族“十月年”中的一个习俗，是一个祈福的宴席。哈尼人把每年农历十月第一个属龙日作为新年的开始，也就是哈尼族传统的盛大节日“十月年”。每到此时，不同肤色、不同国度的人，都带着一种美好的愿望，像朝圣一般来参加一年一度的长街古宴盛会，品尝宴席上福寿安康的“祝福”美食。人们从“龙头”席沿街吃到“龙尾”，互相祝福事事顺心，家兴业旺，平安幸福。你也不妨去凑凑热闹，尝尝美食。

哈尼长街宴

纳西古乐

纳西古乐演奏者

在丽江市纳西族的音乐文化中，有一种驰名中外的纳西古乐。据考证，这种古乐起源于公元14世纪，它是云南省最为古老的音乐，也是中国及世界最古老的音乐之一。纳西古乐是纳西族人在接受以儒道文化为代表的中原文明影响下而创建的艺术结晶。纳西古乐由《白沙细乐》《洞经音乐》和《皇经音乐》（现已失传）组成，融入了道教法事音乐、儒教典礼音乐，甚至唐宋元的词、曲牌音乐，形成了它独特的灵韵，被誉为“音乐化石”。纳西古乐最具欣赏性的地方是其“稀世三宝”。第一件宝贝是古老的曲子；其次就是古老的乐器，乐师们手上所持乐器，皆有上百年历史；再有就是演奏的人年纪老。有机会去丽江的话，找一个午后或傍晚，去聆听一下这种神奇的音乐吧。

白族民居

白族民居

云南大理、洱源、剑川、鹤庆等地方是白族聚居区。这些白族聚居区的民居颇具特色。白族民居是白族建筑艺术的一大景观。

白族民居多为二层楼房，三开间，筒板瓦盖顶，前伸重檐，呈前出廊格局。墙脚、门头、窗头、飞檐等部位用刻有几何线条和麻点花纹的石块（条）砌筑，墙壁常用天然鹅卵石砌筑。墙面用石灰粉刷，白墙青瓦，尤为耀人眼目。山墙屋角均用水墨图案装饰，典雅大方。木雕艺术也广泛用于格子门、横披、板裾、耍头、吊柱、走廊栏杆等部位，尤以格子门木雕最为显眼。

名人掠影

MINGREN LÜEYING

自小勤奋的聂耳

聂耳（1912—1935），原名聂守信，字子义（亦作紫艺），汉族，云南玉溪人。他开辟了中国新音乐的道路，是中国无产阶级革命音乐先驱。聂耳是中华人民共和国国歌《义勇军进行曲》的作曲者。

聂耳

下西洋的郑和

郑和（1371—1433），回族，云南昆阳（今晋宁昆阳街道）人。原姓马名和，小名三宝，又作三保，是中国明代航海家、外交家、宦官。他曾率领船队远航西太平洋和印度洋，拜访了30多个国家和地区，加深了明朝和南洋诸国（今东南亚）、东非的联系。

郑和下西洋

18

第十八章

中国煤海
——山西省

【简称】晋
【别称】三晋
【省会】太原市
【面积】约16万平方千米
【行政区划】辖11个地级市、23个市辖区、11个县级市、85个县
【地形】山地高原为主，地势东北高、西南低
【气候】温带大陆性季风气候
【民族】汉、回、满、蒙古、朝鲜等族
【风景名胜】云冈石窟、五台山风景名胜区、恒山风景名胜区、绵山、乔家大院等

说起山西，给人印象最深刻的是煤矿资源。没错，山西是著名的煤炭大省，素有“煤炭之乡”的美誉。什么？这些黑色的煤块没意思？没事，那就去著名的乔家大院转转，领略一下“北方民居建筑史上一颗璀璨的明珠”的风采。平遥牛肉、汾阳杏花村汾酒、清徐老陈醋等传统名特产一定让你不虚此行。

地形特征

DIXING TEZHENG

山西地处黄河流域中部，东有巍巍太行山作为天然屏障，西部、南部以黄河为堑，北跨绵绵长城。

壶口瀑布

要是你从空中俯瞰山西，就会看到一个自东北斜向西南的类似平行四边形的图案。别怀疑，这正是山西的“容貌”。瞧瞧吧，这儿有大片被黄土覆盖的山地、高原，高原内部起伏不平，河谷纵横，地貌类型复杂多样。山地、丘陵、台地、平原将山西大地装扮得魅力非凡。

五台山

说到山西省，还有一件事情不得不提：这个长得像平行四边形的“家伙”还拥有中国佛教名山五台山呢！五台山还是中国有名的避暑胜地，有“清凉山”的称号呢！到了夏天，你可以去五台山感受一下清凉世界的凉爽。

五台山是一座很有趣的高山。说它有趣，一是它的造型有趣，由5座山峰环抱而成；二是这5座山峰的峰顶有趣，它们不像其他高山，有像宝塔似的尖尖的顶，这5座峰的峰顶全部平坦又开阔，像土砌的台子，所以此山叫“五台山”。

彩色五台山

气候和资源

QIHOU HE ZIYUAN

煤

山西属于温带大陆性季风气候，四季分明、雨热同期、光照充足。所以夏天的山西炎热多雨，冬天就对不起啦，你千万别去挨冻啊！因为山西地形特殊，南北温差也很大，总体气温是由北向南升高、由盆地向高山降低。

山西省矿产资源极为丰富，已发现的地下矿种有120多种，其中，已探明储量的约有70种。煤层气、铝土矿、珍珠岩、镓等多种矿物的储量居全国前列。

资源大省

说到资源，山西可是闻名中外的“煤炭之乡”。目前，山西已查明的煤炭资源储量约占全国保有煤炭资源储量1/3。此外，山西的其他矿产资源，如铝、镓、沸石等的储量也在全国名列前茅。

遗鸥

不止矿产资源丰富，山西的植物资源也不可小视，如南方红豆杉、连香树、水曲柳、核桃楸、紫椴等，其中有很多种类是国家级保护植物；野生药用植物更是广泛地分布在丘陵、山地，比较著名的有党参、黄芪、连翘等。

山西野生动物以陆栖类为主，如褐马鸡、金雕、朱鹮、玉带海雕、遗鸥、原麝、林麝等，其中有很多种类是国家重点保护的珍稀动物。说到这里，让人不得不由衷赞叹：山西真是资源丰富！

晋地寻古

JINDI XUNGU

千古不塌悬空寺

悬空寺又名“玄空寺”，始建于北魏晚期。悬空寺历经了1400多年风雨，经受了地震等灾害的侵袭，竟保存完好，是华夏文明的奇迹。

悬空寺之所以千年不塌，是因为它有3大特点：

一、悬：表面看上去支撑悬空寺的是十几根碗口粗的木柱，其实有的木柱根本不受力，而真正的重心在坚硬的岩石里，这是利用了力学原理，半插飞梁为基。所以有人用“悬空寺，半天高，三根马尾空中吊”来形容它。

二、奇：悬空寺处于深山峡谷的一个小盆地内，全身悬挂于石崖中间，石崖顶峰突出的部分好像一把伞，使古寺免受雨水冲刷，山下的洪水泛滥时，也免于被淹。四周大山环抱也减少了阳光对寺庙的照射时间。优越的地理位置使悬空寺能完好保存。

三、巧：悬空寺充分利用峭壁的自然状态布置和建造寺庙各部分建筑，将一般寺庙平面建筑的布局、形制等建造在立体的空间中，山门、钟鼓楼、大殿、配殿等都有，设计非常精巧。

巾帼不让须眉的娘子关

娘子关，又称“苇泽关”，是万里长城的一个险要关口，也是出入山西的咽喉之地。这么重要的地方，怎么会叫“娘子关”呢？要知道在古代中国，女人可是毫无地位，只能在家里相夫教子的呀！

可是神州大地上，自古就不缺巾帼之辈！相传唐高祖的女儿——平阳公主为了御敌，曾率娘子军在这里驻守，所以这里被称为“娘子关”。怎么样？古代女子中，也不乏豪杰之辈吧？

娘子关风景秀丽，其中的“娘子关瀑布”瀑流百尺，非常壮观。到那里租一只小船，在湖中游玩，看看头上的一线青天，再聆听山崖上瀑布的

娘子关

晋祠

轰鸣，真的是别有风味呢！

不到晋祠，枉到太原

晋祠位于太原市西南，建造之初名叫“唐叔虞祠”，是为了纪念周武王的儿子叔虞而建造的。

晋祠内，周柏、难老泉和“圣母殿”内的42尊精美彩塑侍从像，被称为“晋祠三绝”。提到“难老泉”，你的脑海中闪现的第一个画面可能是：一位白头发、拄着拐棍、浑身散发着仙气的老爷爷；一眼长流不断、永不冻结、喝了就能长生不老的泉水。我想你一定是神话故事看多了。不过这里的难老泉的泉水不因旱涝而增减，泉水自岩石中涌出，清澈见底，口感清冽。所以，赶快去尝一尝这甘甜的泉水吧！

晋祠乐伎

三晋民俗

SANJIN MINSU

山西“中路梆子”

说到一个地方特有的民俗文化，一般人首先便会想到地方戏剧，如北京京剧、河南豫剧、陕西秦腔、安徽黄梅戏等。说到山西民俗文化，晋剧理应打头阵。

晋剧在全国的普及程度虽远不及京剧、豫剧等那么高，但它是山西普通老百姓，特别是年龄稍长者的最爱。晋剧是山西“四大梆子”之一，产生于山西中部，所以又叫山西“中路梆子”，主要流行于山西中、北部及陕西、内蒙古和河北的部分地区。晋剧的唱腔结构属于板腔体，分为三类：“乱弹”“腔儿”“曲子”。晋剧既能表现慷慨激昂的历史故事，又能表现优美健康的民间生活。

山西“中路梆子”的脸谱

山西老陈醋

山西老陈醋是山西省的传统名产，属于中国四大名醋之一，它的生产至今已有3000余年的历史，素有“天下第一醋”的盛誉。山西老陈醋选用优质高粱、大麦、豌豆等，经蒸、酵、熏、淋、晒的过程酿成。山西老陈醋以色、香、醇、浓、酸五大特征著称于世。山西老陈醋含有丰富的氨基酸、糖类、维生素和盐等。以老陈醋为基质的保健醋有软化血管、降低甘油三酯等独特功效。

你知道吗

山西人为什么爱吃醋

山西人爱吃醋，菜肴中要放醋，吃各种面食时也把醋作为主要佐食调料。山西人为什么爱吃醋呢？除了山西醋品种多、质量好之外，还有其特殊的地理、生理原因。一是山西水土较硬，醋可以起到软化的作用；二是山西人喜欢吃各种面食，尤其是各种杂粮面食，醋有帮助消化的作用。久而久之，醋成了山西人吃饭时的必备调料。

霍州面塑

霍州面塑做工精巧，式样繁多。它不仅是一种风味面食、馈赠亲友的佳品，也是可供观赏的艺术珍品。不同节日、不同节气的面塑其花色造型各有讲究：过大年的登高、枣花馍，清明节的蛇盘馍，七月十五的羊羔馍，孩子满月的项圈馍，老人祝寿的寿桃馍。此外还有表现人物、经典故事、十二生肖、二龙戏珠、龙凤呈祥、喜鹊登梅等的面塑。天上飞禽、地上走兽、水中游鱼、名作名典、人物所见所闻，经过巧手加工成一个个精美的艺术珍品，成为霍州的旅游产品。

威风锣鼓

威风锣鼓是山西著名的民间广场艺术，是一种民间打击乐器的合奏形式。表演者在进行表演的时候，手舞足蹈，威武雄壮，好像浑身有使不完的劲儿，人们把这种鼓舞叫作“威风锣鼓”。

表演者在表演时，身上穿着民族服装或黑色的武士服，双腿分开，挺起胸膛，一边舞蹈一边打鼓，真是要多威风，就有多威风！

据传，这种锣鼓演奏形式开始于尧、舜时代，距今已有4000多年的历史。

威风锣鼓

名人掠影

MINGREN LÜEYING

以历史而论，山西可值得骄傲了，这里能够青史留名的历史名人就多得很，用灿若群星来形容一点儿都不为过。晋文公仁君典范；卫青名震边陲；关羽千秋忠义；武则天成一代女皇；狄仁杰忠直智明；杨家将怆然伟岸；司马光著《资治通鉴》；罗贯中著《三国演义》；王维发展了田园诗派；王昌龄是七绝圣手；卢纶是大历才子……这份名单可以列得很长很长，每一个名字都光耀九州。

关羽像

美髯公——关羽

关羽，河东解县（在今山西）人，字云长，三国时蜀汉名将，早期跟随刘备南征北战，曾被曹操生擒过，与张飞一同被称为万人敌。关羽去世后，逐渐被神化，被民间尊为“关公”，又称美髯公，清代时被奉为“忠义神武灵佑仁勇威显关圣大帝”，被崇为“武圣”，与“文圣”孔子齐名。《三国演义》尊其为蜀国“五虎上将”之首，毛宗岗称其为“《演义》三绝”之“义绝”。

砸缸的司马光

司马光（1019～1086），陕州夏县（今属山西）涑水乡人，字君实，号迂叟，世称涑水先生，北宋政治家、史学家、文学家。大家知道他天资聪颖，民间有司马光幼年时砸缸的故事流传。他成年后历仕仁宗、英宗、神宗、哲宗四朝，为人温良谦恭、刚正不阿；做事刻苦、勤奋。他以“日力不足，继之以夜”自诩，其人格堪称儒学教化下的典范，历来受人景仰。

表现“司马光砸缸”的雕塑

晋商大院与平遥古城

JINSHANG DAYUAN YU PINGYAO GUCHENG

乔家大院内景图

乔家大院

“皇家有故宫，民宅看乔家。”名扬三晋，誉满海内外的乔家大院是你的山西之行一定要去看一看的地方。它位于晋中市祁县乔家堡村,又名“在中堂”,是清代全国著名的资本家乔致庸的宅第。它是一个全封闭式的城堡式建筑群，全院布局严谨，设计精巧，俯视成“囍”字形，建筑考究，斗拱飞檐，彩饰金装，砖石木雕，工艺精湛，充分显示了我国劳动人民高超的建筑工艺水平，被专家学者誉为“北方民居建筑史上一颗璀璨的明珠”。

王家大院

时间充裕的话，不妨再去王家大院看看，来个“大院深度游”。王家大院

王家大院一角

位于山西省灵石县城东12千米处的静升镇，是清代民居建筑的集大成者。王家大院层楼叠院，错落有致，气势宏伟，功能齐备，以匠心独运的“三雕”（即砖雕、木雕、石雕）最具代表性，装饰典雅，内涵丰富，具有很高的文化品位。王家大院开放几年后，在海内外产生了积极的影响，被誉为“华夏民居第一宅”“中国民间故宫”和"山西的紫禁城“。

你知道吗

平遥三宝

平遥三宝，指的是平遥古城墙、镇国寺和双林寺。平遥古城墙始建于西周，明洪武年间重筑，此后屡有维修，城墙长6000多米，高约10米，有垛口3000多个，料敌楼72座。镇国寺在古城东北，始建于五代十国时期，该寺目前是中国排名第三位的古老木结构建筑，该寺万佛殿内的彩塑更是不可多得的雕塑艺术珍品。古城的第三宝双林寺位于古城西南6千米处。

平遥古城

平遥古城为国家历史文化名城，被列入《世界遗产名录》，是中国境内保存最完整的古代县城之一，也是中国汉民族城市在明清时期的杰出范例。平遥古城已有2700多年的历史，面积约2.25平方千米，城内街道、铺面等如今依旧保留明清时形制。游走在古城的小街小巷，古城墙、古民居、古票号、古镖局、古县衙等尽收眼底，带给你时光倒流的美妙感受。当然，古城的风韵，不适合走马观花地看，最好的游览方式，是选择住在那些由祖上的老宅子改建而成的家庭旅馆内，亲身体味传统民居的特点，然后背个包，步行或乘坐人力三轮车去古城的大街小巷细细品味、想象昔日晋商的豪迈与繁华。

平遥古城墙

19

第十九章

燕赵大地
——河北省

【简称】冀
【别称】燕赵大地
【省会】石家庄市
【面积】约19万平方千米
【行政区划】辖11个地级市、37个市辖区、22个县级市、107个县、6个自治县
【地形】北为燕山山地，西为太行山地，燕山以北为坝上高原，其余为河北平原，地势西北高、东南低
【气候】中温带、暖温带大陆性季风气候
【民族】汉、回、满、蒙古、朝鲜等族
【风景名胜】安新白洋淀风景名胜区、西柏坡风景名胜区、承德避暑山庄等

说起河北，它的精彩绝对是你想象不到的！河北东临渤海，西接山西，北连辽宁和内蒙古自治区，南邻山东、河南两省，中部与北京、天津两市毗邻，既是首都与全国各地联系的通道，又是华北、西北各省区通向北方海上门户——天津港的必经之路，地理位置十分重要。在这片神奇的土地上，有着极富特色的地理现象。怎么样？准备启程吧！惊喜正一拨儿接一拨儿地等着你呢！

地形特征

DIXING TEZHENG

如果说，北京好比扇贝上一颗闪亮的明珠，天津像一个装着水的"簸箕"，那么西北高、东南低，由西北向东南倾斜的河北又像什么呢？

河北西北部为山地、丘陵和高原，其间分布有盆地和谷地，中部和东南部为广阔的平原，海拔相差非常大，把它们比喻成一排高矮不一的"套娃"最合适了！你瞧，西北部的小五台山是"套娃"大哥，海拔有2882米；倒数第二的"套娃"弟弟，也就是东部平原，海拔在30～100米；最小的"小弟"渤海沿岸平原，海拔多在10米左右！算算它们的差距——足足2000多米呀！

天下第一关

万里长城就像一条巨龙，蜿蜒盘踞在神奇的中华大地上。位于秦皇岛市东北部的山海关，是明长城东端的一座重要的军事关隘，有"天下第一关"之称。山海关城与长城相连，以城为关，有四座主要城门，多种防御建筑。在历史上，山海关这个地方还发生了很多精彩的故事呢，你去了就知道了！

山海关

气候和资源

▶▶ QIHOU HE ZIYUAN

天鹅

河北省属中温带、暖温带大陆性季风气候，四季分明，冬季寒冷干燥，夏季炎热多雨，春季干旱、多风沙，秋季晴朗、寒暖适中。河北的资源也别具风采。全省植物资源丰富，动物资源也毫不逊色，其中我国特有的珍稀雉类褐马鸡，就能在河北小五台山及其附近山区看到。河北省还是中国的缺水省份之一，水资源严重不足，较有名气的只有安固里淖、白洋淀等内陆湖泊。

城中的海

鸽子窝公园

北戴河到底是河，还是海？哈哈，千万不要被它的名字给骗了！告诉你，北戴河千真万确是海，不是河！这片令人误会重重的海位于秦皇岛市中心的西部，它与北京、天津、秦皇岛、兴城、葫芦岛构成一条黄金旅游带！

这里还是中国九大观日处之一，假如你想赶早去看日出，千万别走冤枉路，去鸽子窝公园东北端的鹰角亭准没错！嘿，可别自大地以为就你会享受，每年春秋时节，成千上万只迁徙候鸟也来这儿“度假”，呈现出“万鸟临海”的壮观场景。如果你希望有一个更加丰富的收获，还可以随渔民一起出海撒网打鱼，体味乘风破浪、月夜泛舟的渔家生活哟！

石家庄长安公园冬景

华北明珠

白洋淀是河北第一大内陆湖，有“华北明珠”之誉。曾几下江南的康熙阅尽风光无数，因风阻行程驻足白洋淀，写诗赞道：“可笑当年巡幸远，依稀吴越列行营。早知燕赵有此境，何必千里下江南！”

历史回响

LISHI HUIXIANG

皇家猎苑

“木兰”在满语里是“哨鹿”的意思。“哨鹿”就是打猎时，八旗兵头戴雄鹿角，在树林里用口学公鹿啼叫，引诱母鹿，从而射杀母鹿的打猎方法。“围场”就是皇帝、贵族合围打猎的地方。

木兰围场位于承德市境内，是一处水草丰美的草原，是清代帝王习武狩猎、联络少数民族上层人物的场所。不过到了清朝晚期，木兰围场的原始森林被砍伐一尽。后来经过几十年的恢复，木兰围场又成为好玩儿又神秘的旅游胜地。赶紧去看看奔驰的母鹿与嘶鸣的骏马吧！

来自上古的传说

娲皇宫女娲娘娘雕像

传说，女娲娘娘曾在娲皇宫附近“炼石补天，抟土造人”，使人类和其他万物得以生息和繁衍。为了感激她的巨大功德，人们专门在这里建造了娲皇宫。

娲皇宫已有1400多年的历史。山下有朝元宫、停骖宫、广生宫等，向上绕行十八盘石径，就到了最高处的娲皇宫。假如你热爱神话故事，并且想做一个知识渊博的人，那就一定要去看看娲皇宫，你也许还能发现女娲当年留下的一点点五彩石呢！

娲皇宫

旅游画廊

LÜYOU HUALANG

麋鹿

河北省地处华北平原，北依燕山，南望黄河，西靠太行，东坦沃野，内守京津，外环渤海，周边分别与内蒙古、辽宁、山西、河南、山东等省毗邻，大陆海岸线长480多千米，是全国唯一兼有高原、山地、丘陵、平原、湖泊和海滨的省份，自然风光秀美，旅游资源丰富。在这里既可以于凛冽寒风中，感受铁甲旌旗的豪情，又能在蓝天掩映之下，享受水乡的风韵；这里既有草原的广阔壮丽，又有山庄的皇家风范，真是妙不可言！

骑马的好地方

塞外草原

位于河北省张家口市境内的张北草原，在自然区域上是内蒙古锡林郭勒草原的一部分，这里风光秀丽，气候宜人，你可尽情感受到回归大自然的情趣。你可以策马扬鞭，弯弓射箭，一展万丈豪情；也可以观看马术、摔跤、草原歌舞等草原传统娱乐项目。

冬天里的一把“火”

热河泉位于承德避暑山庄。这里哪怕在严冬季节，也是热气腾腾的，水温常在8℃左右，是冰封雪冻中的“春常在”。动心了吧！那就背起行囊，咱——走！

去那儿乘乘凉

热河泉

承德避暑山庄原名“热河行宫”，俗称“承德离宫”，是清代皇帝夏日避暑和处理政务的场所。它位于河北省承德市市区北部，始建于1703年，历经康熙、雍正、乾隆三朝，耗时89年建成，与全国重点文物保护单位颐和园、拙政园、留园并称为中国四大名园。这儿建筑别致，景色优美，气候适宜，是避暑的好去处。在清代，只有皇帝及其最亲近的人才可以去，如今可不一样啦，你甚至可以邀请三五好友和你一道，躺在大树底下听听鸟鸣！

清东陵

清东陵位于河北省遵化市境内，距北京市区125千米，是我国现存规模最宏大、体系最完整、布局最得体的帝王陵墓建筑群。清东陵是一块难得的“风水”宝地，北有昌瑞山做后靠如锦屏翠帐，南有金星山做朝如持笏朝揖，中间有影壁山做书案可凭可依，东有鹰飞倒仰山如青龙盘卧，西有黄花山似白虎雄踞，东西两条大河似两条玉带。群山环抱的堂局辽阔坦荡，雍容不迫，真可谓地臻全美，景物天成。当年顺治帝到这一带行围打猎，被这一片灵山秀水所震撼，当即传旨“此山王气葱郁可为朕寿宫”。从此昌瑞山便有了规模浩大、气势恢宏的清东陵。清代在此陆续建成15座陵园，埋葬160余人，诸陵园以顺治的孝陵为中心，排列于昌瑞山南麓，均由宫墙、隆恩殿、配殿、方城明楼及宝顶等建筑构成。整座陵区在木构和石构上都有精湛的技巧，是集清代建筑艺术之大成者。

清东陵

燕赵民俗

YANZHAO MINSU

秦皇岛望海大会

秦始皇求仙入海处的雕像

望海大会俗称“逛码头”，每年阴历五月初五在秦皇岛求仙入海处举行。据传，2200多年前，秦始皇为了求得长生不老药，命道士徐福携大批童男、童女前往东海寻求长生不老药，这一去，就再无音讯。据说是徐福求不到长生不死药，便转去了一个小岛，率众多童男、童女在小岛上繁衍生息，定居下来。

于是，每年到了五月初五，童男、童女的亲人便到入海处登高远眺，望眼欲穿，却只见烟海茫茫。

久而久之，望海便成了一种古老的民俗——望海大会。每到这个日子，人们便呼朋唤友，结伴而行，赶到秦皇岛“逛码头”。这时，海边聚满了人，非常热闹，到处是摆摊卖货的，如同赶集，胜似庙会，人们不仅浏览了码头的风景，还买到了货物，也可以去拾些海物。望海大会积淀着秦皇岛人民的淳朴民风，表现了人们希望与大海和谐相处，祈求大海风平浪静的愿望。

扔愁帽

在邯郸地区，每年除夕深夜，街上就会有很多被丢弃的旧帽或旧头巾，这就是邯郸的“扔愁帽”习俗。这些旧帽或旧头巾会在大年初一被扫到墙角，等到燃起“怕灵火”的晚上再将其烧毁。此举寓意是“去除旧愁，盼迎新福”。

“扔愁帽”的习俗据说起源于战国时期，相传秦国当时派大将章邯去攻打赵国，赵国人民在邯郸城被攻破后，纷纷摘商帽、扔士巾以便出逃。秦始皇统一天下后，对士服士帽、商服商帽进行了规定和统一，赵国人不忘亡国之恨，于夜深人静之时，将秦王规定的士服商帽扔到大街上去，很多人因此横遭杀害。后来为了反抗秦国统治，也为了避免遭受杀身之祸，邯郸人便在除夕以“辞旧迎新”之名，扔掉秦国规定要戴的商帽和士巾，说是驱赶一年的晦气。扔旧愁，迎新喜，官府亦无可奈何了。

慷慨之士

▶▶ KANGKAI ZHI SHI

在河北这块古老神奇的土地上，自古人才辈出——中皇山上女娲补天，长城脚下孟姜女哭夫，孙膑设计围魏救赵，项羽巨鹿破釜沉舟……众多人物风起云涌，使“燕赵多慷慨悲歌之士”的说法久久流传。

完璧归赵的蔺相如

蔺相如，战国时期赵国著名的政治家、外交家。根据《史记·廉颇蔺相如列传》所记载，与他有关的重要事件有完璧归赵、渑池之会与负荆请罪。蔺相如原为宦者令舍人，赵惠文王时，秦昭王写信给赵王，愿以15个城池换取“和氏璧”。蔺相如奉命带“和氏璧”来到秦国，据理力争，机智周旋，终于完璧归赵。之后，他又随侍赵王参加渑池之会，当面斥责强大的秦国，使赵王没有受到屈辱，因其功，被任为上卿，居于廉颇之上。廉颇居功自恃，不服相如，并扬言要羞辱相如。蔺相如为保持将相和睦，不使外敌有隙可乘，始终回避忍让。蔺相如以国家利益为重、善自谦抑的精神感动了廉颇，于是廉颇亲自到蔺相如府上负荆请罪，二人成为刎颈之交。

张飞画像

猛将——张飞

张飞，涿郡（治今河北省保定市涿州市）人，三国时期蜀汉名将。历史上的张飞是一位号称“万人敌”的猛将，不仅有勇有谋，更是一位有着艺术才能的武将。据明代卓尔昌《画髓元诠》记载，张飞喜欢画美人，在书法上更是擅长草书。在中国传统文化中，张飞以其勇猛、鲁莽、嫉恶如仇而著称，虽然此形象主要来源于小说和戏剧等，但已深入人心。

民间艺术

MINJIAN YISHU

吴桥杂技

河北悠久的历史、灿烂的文化、优越的自然条件，孕育了绚丽多彩、形式多样的民间艺术。河北民间艺术里的地方戏曲、民间曲艺、民间美术、特色工艺、沧州武术、吴桥杂技等，在国内外都享有盛誉。河北民间艺术在历史发展的长河中，对人民群众陶冶情操、娱乐身心、抒发情感、交流思想，起到了重要的作用。

吴桥杂技

世界杂技看中国，中国杂技在吴桥。吴桥杂技艺术历史悠久，早在南北朝时期，这里的杂技就已有了相当的规模。经过千余年的继承发展，吴桥杂技艺术愈加精湛，门类愈加齐全，吴桥享有“杂技之乡”的盛誉，驰名中外。吴桥杂技节目种类丰富，传统节目主要有肢体技巧、道具技巧、乔装仿生、驯兽、马术、传统魔术、滑稽7大类。

蔚县剪纸

蔚县剪纸

蔚县剪纸经手工熏样、焖纸、刀刻、染色等数道工序制作而成。其刻法以阴刻为主，阳刻为辅。其内容题材广泛，种类繁多，主要有戏曲人物、鸟兽鱼虫、果木花卉、山水园林、吉祥图案等。其构图饱满充实，主题突出，稳中求变，静中取动；造型丰富多样，错落有致，紧凑丰盈；图案鲜活生动，优美逼真，生趣盎然；着色浓艳和谐，明快艳丽，对比强烈。蔚县剪纸画面带有浓郁的乡土气息，富有浓烈的装饰美感。

舌尖美味

SHEJIAN MEIWEI

河北自古物华天宝，人杰地灵，饮食虽不如川菜、湘菜那样被人们津津乐道，但因其用料广泛，口味浓厚，刀工细腻，造型讲究，色泽鲜亮，兼收并蓄国内其他地方的饮食文化，形成了现在丰富多彩、独具特色的河北饮食风格。

烙 糕

烙糕是河北承德等地的传统风味食品，是传统农家主食的一种精致小吃，当地人称之为“烙糕子”。承德人用当地所产谷米磨成面，再经烙制而成烙糕，馅是用韭菜与鸡蛋做成的。做好的烙糕外焦内嫩、味香适口，含有比较丰富的维生素和胡萝卜素，经常食用，有预防高脂血症、动脉硬化、冠心病等功能。它与年糕、豆包、煎饼一起被誉为“吉祥四糕”。每当腊月农闲季节，承德山区百姓便家家户户做烙糕。

驴肉火烧

驴肉火烧的发祥地为保定市徐水县漕河镇。漕河是河北省保定市徐水县的河流名称，漕河镇以漕河命名。漕河驴肉火烧历史悠久。相传，宋代漕河码头有漕帮和盐帮两个帮会。漕帮以运粮为业，盐帮以运盐为业。双方为称霸码头，时常大动干戈，最终以漕帮大胜收场。漕帮俘获盐帮驮货的毛驴无法处理，便宰杀炖煮，设庆功宴，再将肉夹在当地打制的火烧内吃，此名吃由此诞生。

相传，康熙皇帝一次微服出北京私访，一直顺大路来到漕河镇。这时他觉得饥肠辘辘，见路边的小饭店都使劲儿地叫卖驴肉火烧。康熙不知驴肉火烧为何食物，便叫随身太监买来驴肉火烧。他吃了驴肉火烧后，大称其味道鲜美。康熙回到京城宫中后还念念不忘在漕河镇所吃的驴肉火烧的味道。他叫宫廷御厨为他专做驴肉火烧。御厨精心为康熙做了几次，康熙觉得怎么也吃不出他在漕河镇吃的那驴肉火烧的味道，不如他在漕河镇吃的那驴肉火烧鲜美。康熙只好派人去漕河镇专买驴肉火烧。自此，徐水漕河镇的驴肉火烧享誉京城。

驴肉火烧

20

第二十章

齐鲁大地

——山东省

【简称】鲁

【别称】齐鲁大地

【省会】济南市

【面积】陆地面积约15.7万平方千米

【行政区划】现辖17个地级市、48个市辖区、30个县级市、60个县

【地形】中间高、四周低

【气候】暖温带湿润半湿润季风气候

【民族】汉、回、朝鲜、满等族

【风景名胜】泰山风景名胜区、青岛崂山风景名胜区等

山东历史悠久，是中国文化发祥地之一。在这片富有“威严”气质的土地上，风光秀丽的山川与悠久的历史文化古迹完美地融合在一起，形成了独具特色的景观。从济南、泰安、曲阜延伸到邹城的“山水圣人”旅游区，以青岛、烟台、威海为一体的海滨风光旅游区，以潍坊市区为中心的民俗旅游区等，一定会令你眼界大开。

地形特征

DIXING TEZHENG

山东位于中国黄河下游、东部沿海地区，东临海洋，西靠大陆。中部山地突起，东部半岛大多是起伏和缓、谷宽坡缓的波状丘陵，西部、北部是黄河冲积而成的平原，是华北平原的一部分。

五岳独尊

泰山是山东省境内最著名的山，它不仅海拔高，还是中国历史上唯一受过皇帝封禅的名山，历经几千年的文化积淀。历代文人墨客都以登上泰山为傲。

你要是登上泰山，一定会发现，山上到处是石头——大石头、小石头、平石、圆石、尖石、怪石……不论是扇子崖那样拔地通天的巨岩，还是山涧的鹅卵石，块块不简单。很多人去了泰山，都要带回一块心爱的“泰山石”，作为书房的“镇房之宝”。

摩崖石刻

气候和资源

QIHOU HE ZIYUAN

青岛百合

山东省气候温和，雨量集中，四季分明，属于暖温带季风气候。夏季盛行偏南风，炎热多雨；冬季多偏北风，寒冷干燥；春季天气多变，干旱少雨多风沙；秋季天气晴朗，冷暖适中。可以说，山东是一个非常适合生活、居住的省份。

说到资源，山东可谓地大物博。这里资源丰富、种类众多，储量占全国比例较高的有石油、金矿、金刚石、石膏等。因为地形复杂、气候多样，山东生物资源也比较丰富，青岛百合、文昌鱼、中华鲟等珍稀动植物都有分布。

泉城“明珠”

“四面荷花三面柳，一城山色半城湖”，这是泉城“明珠”——大明湖的美丽写照。大明湖是由城内众泉汇流而成的天然湖泊，它水质清澈，天光云影，游鱼可见。

大明湖景色优美秀丽，湖上鸢飞鱼跃，画舫穿行；岸边杨柳荫浓，繁花似锦，游人如织；其间又点缀着各色亭、台、楼、阁，远山近水与晴空融为一色，犹如一幅巨大的彩色画卷。大明湖一年四季美景纷呈：春日，湖上暖风吹拂，柳丝轻摇，微波荡漾；夏日，湖中荷花迷人，葱绿片片，嫣红点点；秋日，湖中芦花飞舞，水鸟翱翔；冬日，湖面虽暂失碧波，但银装素裹，分外妖娆。

大明湖

趵突泉

荣成天鹅湖

胶东半岛最东段的荣成市成山镇内的成山卫天鹅湖，是中国北方最大的天鹅湖、世界著名天鹅湖之一。每年从11月份开始，北方的天鹅、大雁和野鸭陆陆续续飞到这里越冬，整个湖面洁白一片。洁白的天鹅孤高圣洁，嬉戏打闹，蔚为壮观。

千年礼乐

QIANNIAN LIYUE

泰山岱庙

天子封禅

岱庙又称“东岳庙”“泰庙”，位于泰山南麓，是古代帝王奉祀泰山神、举行祭祀大典的场所。

封禅，是指中国古代帝王在太平盛世或天降祥瑞之时的祭祀天地的大型典礼。夏商周三代，已有封禅的传说。古人认为群山中泰山最高，为“天下第一山”，因此帝王应到最高的泰山去祭拜天帝，才算受命于天。其实质则为巩固皇权，粉饰太平，带有一种君权神授的意味。

孔子的老家

在中国很多地方，都能看到规模宏大、红墙黄瓦的孔庙，而其中最大的一座，就在孔子的家乡——山东曲阜。

相传，孔子去世后1年，鲁哀公将他故居的3间老宅改建为庙，“岁时奉祀”。自西汉以来，历代帝王不断对孔庙进行重修、扩建，使得孔庙规模不断扩大。

现在的孔庙东边，还有一座由大小几十个院子组成的“衍圣公（孔子后裔封号）府”。曲阜城北还有一片占地3000亩、树木葱幽、丛林茂密的孔家墓地——孔林。孔子以及他的七十几代子孙都埋葬在这里。

孔府、孔庙、孔林统称为“三孔”，被联合国教科文组织列为世界文化遗产。

曲阜孔庙大成殿

都市风貌

DUSHI FENGMAO

栈桥

海上的长廊栈桥

栈桥坐落在青岛市南部的青岛湾，是中国著名的海上长廊。北端与青岛市最繁华的中山路相连，由海岸延伸入海，是青岛市的象征。

栈桥已有100多年的历史，始建于1892年，是当时唯一的一条海上“军火供给线”。也就是说，谁控制了栈桥，谁就控制了胶州湾。于是德军以演习为名，从栈桥所在的青岛湾登陆，以武力占领了青岛。栈桥也被重新修饰，先是将桥北端改为石基，用水泥铺面，接着又在南端钢制桥架上铺设木板，并建轻便铁轨，将桥身延长，仍为军用码头。此后栈桥又经历了上百年的风雨，屹立至今。

“中国第一钢塔”

建成于1995年的青岛电视塔位于青岛太平山北麓，塔高232米，堪称“中国第一钢塔”，在世界上仅次于迪拜铁塔、东方明珠电视塔、广州新电视塔、加拿大CN电视塔、哈尔滨龙塔、巴黎埃菲尔铁塔和日本东京电视塔。电视塔主体全部为钢结构，具有电视接收发射和旅游娱乐等多种功能。乘高速电梯升至160米的旋转餐厅，还可眺望海上日出，海天月色、岛城风光尽收眼底。该塔由塔冠、塔蝶、塔球三部分组成。作为青岛最高旅游景点，青岛电视塔1997年荣膺“青岛十大景点之一”的称号。

青岛观光电视塔

齐鲁风俗

QILU FENGSU

制作风筝

潍坊风筝

风筝，古称“鸢”，潍坊又称鸢都，可见潍坊制作风筝历史的悠久。潍坊风筝和京式风筝、津式风筝等交相辉映，鼎足而立。

潍坊风筝同中国许多民间艺术形式一样，产生于人们的娱乐活动，是寄托着人们的理想和愿望，是与人们的生活有密切联系的娱乐品。

潍坊的风筝漂亮精美、吸人眼球。它以年画艺术为根基，手绘点染，撒金点银。它造型多样，不仅有神话人物，还有花鸟、瑞兽、鱼虫等。怪不得人们都说潍坊风筝“飞到天上是风筝，贴在墙上是年画”。

木版年画

杨家埠木版年画是流传于山东潍坊杨家埠的一种民间版画。其制作方法简便，工艺精湛，色彩鲜艳，内容丰富。

杨家埠木版年画的制作工艺别具特色。艺人首先用柳枝木炭条、香灰作画，名为“朽稿”。在朽稿基础上再完成正稿，描出线稿，反贴在梨木版上供雕刻，分别雕出线版和色版。再经过调色、夹纸、兑版、处理跑色等，手工印刷。年画印出来后，还要再手工补点上各种颜色进行简单描绘，以使年画显得自然生动。

风筝

地理趣谈——驴友入门全攻略

俗话说：“行万里路，读万卷书。”在浩浩荡荡的驴友队伍中，作为一头“小驴”是值得敬佩的，不过在旅行中你可能随时面临饥饿、寒冷、受伤、迷路等状况。旅途中我们究竟该注意些什么呢？

1 花最少的钱，走最远的路

衣着朴素舒适就好。要做好坐牛车、拖拉机、货车，住宿在每晚10～20元的小旅馆，并且与当地人打交道的准备。

2 饮食

户外食品要做到重量轻、能量高、包装简单、分量足，根据时间长短准备饮用水。行走时，身边带一些葡萄干、巧克力、山楂片是个不错的主意。

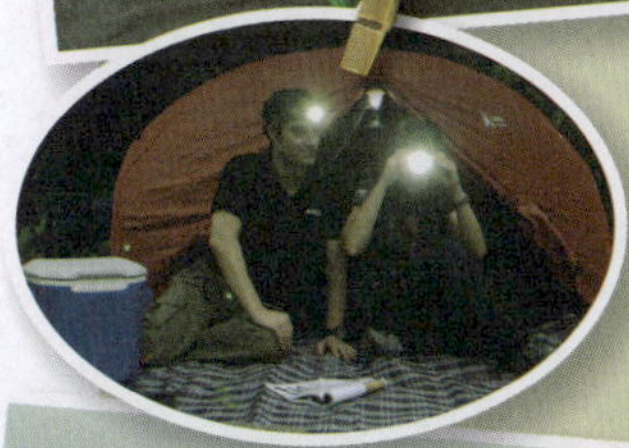

3 装备不是万能的，但是没有装备却万万不能

(1) 帐篷、睡袋、防潮垫、头灯或手电、刀具、指南针、手机（电池）一定要准备好，而且要准备质量优的。

(2) 鞋子和袜子、外衣裤、内衣裤、帽子、手套、墨镜、毛巾、洗漱用品、防晒霜、雨衣、小药箱（装上藿香正气水、红花油、清凉油、云南白药、医用酒精、红霉素软膏、绷带和纱布、创可贴、感冒药等）不能少。

4 旅游途中不要太贪心

旅游途中不要太贪心，注意匀速前进，适当休息，保持体力。任何时候都不要无节制地喝水。

5 万一迷路了怎么办

首先，考虑原路返回，返回到上一个正确的点上。

其次，开始用手机、对讲机、头灯、镜子或哨子等向外界求救。

最后，当所有方法都失败了，可以尝试攀登附近最高点，做好路标，发出求救信号。

6 特别提示

太胖的人不要爬太高的山。

对户外知识不太了解的人，不要盲目跟风去一些过于荒野的地方。

无论参与活动还是发起活动，都要本着对他人负责的精神，尽可能多地关注同行的“菜鸟”。

制作一张小卡片（最好是防水的塑料卡片），上面写明个人姓名、血型、地址、应急联系电话等。

女孩子尽量回避使用香气很重的化妆品，因为真的可能会“招蜂引蝶”。

21

第二十一章

中原腹地
——河南省

【简称】豫

【别称】中原、中州

【省会】郑州市

【面积】约16.7万平方千米

【行政区划】现辖17个地级市、50个市辖区、21个县级市、88个县

【地形】北、西、南部三面环山，中、东部为平原，西南部为盆地，地势由西向东呈阶梯状下降

【气候】暖温带－亚热带、湿润－半湿润季风气候

【民族】汉、回等族

【风景名胜】洛阳市龙门风景名胜区、登封市嵩山少林寺景区、焦作市云台山风景名胜区等

河南是华夏文明的发祥地之一。厚重的历史底蕴使其名扬中外。这里的景色美不胜收，这里的人文景观传承了数千年。若是你前来游览，一定要选一个天气晴好的日子，这样不论寻访古迹还是吃喝玩乐，都可以过得十分精彩。你准备好了吗？

地形特征

DIXING TEZHENG

河南的地表形态复杂多样。假若你来河南，就好比进了一座大自然的博物馆。这里不仅有绵延高峻的山地，也有坦荡无垠的平原；既有波浪般起伏的丘陵，又有山丘环抱的盆地。太行山脉、秦岭山脉高高昂首，中岳嵩山耸立于低山丘陵之间，还有桐柏山、大别山的座座奇峰，巍然挺立。

龙门石窟

龙门石窟

河南洛阳是中外闻名的历史名城，这里历史古迹非常多，其中龙门石窟更是举世闻名。龙门石窟依山势而建，开凿于北魏孝文帝太和年间，现存石窟1352个，佛龛750个，造像97000余尊，造像题记和碑碣3600多块，数量相当可观。

相传远古时期，这里原是一片湖水。突然有一天，天崩地裂，龙门山顷刻从中间裂开，汹涌的湖水从裂口倾出，奔腾咆哮着流向东海。水流过后，两山的崖壁上出现了无数蜂窝似的窟窿。窟窿内密密麻麻全是石像，有的眉清目秀，有的轮廓不清，千姿百态，十分壮观。虽然神话传说不足为信，不过石窟内的景象却是真的。

气候和资源

QIHOU HE ZIYUAN

三门峡大坝

黄河

河南属暖温带－亚热带、湿润－半湿润季风气候。春季干旱风沙多；夏季炎热雨水丰沛；秋季晴和日照足；冬季寒冷雨雪少。这里河流很多，大多发源于西部山区，分属黄河、淮河、卫河、汉水四大水系；湖泊少，在山麓和盆地有自流井和喷泉分布。假如想泡温泉，有很多眼天然热泉都在等着你呢。

黄河第一坝

黄河究竟是一条好河，还是一条坏河呢？从黄河的源头到宁夏回族自治区，黄河水清澈见底，人们说它是一条有百利而无一害的好河；可是到了中游黄土高原地带，黄河携卷着大量的泥沙，奔腾而来，咆哮而去，形成了世界著名的“黄色河流”，就不那么可爱了。为了治黄河时常“闹脾气”的“臭毛病”，人们在河南省三门峡市和山西省平陆县之间的黄河中游下段修建了三门峡大坝，被誉为“万里黄河第一坝”。

三门峡大坝建成后，到了每年的蓄水期，从三门峡大坝到山西芮城大禹渡之间，山光水色，相映如画。春秋冬三季，野鸭成群，大雁结队，珍贵的白天鹅飞翔在蓝天碧水之间。而每年的泄洪期，怒涛翻卷，峡谷轰鸣，水花飞溅，彩虹凌空，蔚为大观。这时候，站在三门峡大坝上就可饱览黄河的雄伟气势。

中华文明的摇篮

ZHONGHUA WENMING DE YAOLAN

轩辕故里

轩辕故里香火旺

在中国上古时代，有一位像天神一样厉害的人物，他就是轩辕，也叫“黄帝”。相传他诞生于河南新郑市北关，于是这个地方就成了著名的“轩辕故里”，人们专门建了轩辕祠来纪念他。

在轩辕故里风景区内，有一个大鼎特别显眼，那就是黄帝宝鼎。黄帝宝鼎鼎高6.99米，直径4.7米，重24吨，它可是“天下第一大鼎”啊！有趣的是，在宝鼎坛四周还有8个铜鼎，分别代表爱情、长寿、财运、官运、平安、丰收、智慧和子嗣。来这儿的每一个人都会摸一摸这些铜鼎，以求一生好运。

殷 墟

“殷”指商朝，是中国古代第二个朝代；“墟”就是废墟。“殷墟”指的是中国商朝后期都城遗址，位于河南安阳市区西北。殷墟有几大特点令人眼前一亮：

司母戊大方鼎

1.甲骨文闪耀中华文明。自1899年以来，这里出土了15万片刻字甲骨，其中约有1500个单字已被释读，对我们了解商朝文明有极大帮助。

2.青铜器世界独一无二。殷墟发掘出的青铜器，其数量和精美程度，世上没有哪个国家可以媲美。

3. 8000多座墓葬举世罕见。殷墟考古发现的墓葬共计8000多座，包括王陵和大量族墓，显示了商朝墓葬的等级森严。陪葬的不止是器物，还有战俘、奴隶，这在世界其他文化遗址中是很少见的。

中原气韵

ZHONGYUAN QIYUN

少林寺塔林

少林功夫

少林寺里有神奇

说起少林武术，你不陌生吧？电视剧、小说里，少林武术闻名天下。可是你知道吗，少林武术的孕育之地少林寺就位于河南嵩山东部少室山北麓，是一座著名的佛教寺院。寺内有许多特色建筑，还有500罗汉壁画以及少林寺练拳壁画等珍贵的文物。

要是你想了解更多的少林寺文化，可以选择在每年的农历四月初八，亲眼去目睹佛浴节的盛况。

巨幅名画

《清明上河图》局部

时光的脚步总是匆匆的，谁也无法挽留。北宋画家张择端却用他的巨幅名画《清明上河图》向我们呈现了中国12世纪城市生活的面貌。可是谁能想到这幅传世名画却命运多舛，几经沉浮，差点儿“香销玉殒”呢？

这要从末代皇帝溥仪说起。1921年溥仪利用手中的皇权，将价值连城的《清明上河图》移出皇宫。从此，这幅绘画长卷流亡民间。如今，《清明上河图》藏于北京故宫博物院。

河南梆子

中国有很多精彩的地方戏，豫剧就是其中很有特色的一个剧种。豫剧又叫“河南梆子”“河南高调”，遍布全国各地，特别在河南、山西、陕西等地十分盛行。它的曲调高亢婉转，节奏鲜明。著名的剧目有《花木兰》《穆桂英挂帅》等。

豫剧《花木兰》

牡丹花会

牡丹是中国名花之一，花朵硕大，花容端丽，雍容华贵，超逸群卉，素有“花王”之称。

洛阳牡丹的历史可追溯到隋朝。隋炀帝喜爱牡丹，下令在西苑宫内遍种牡丹，一时间天下的牡丹花和牡丹花匠都纷纷聚集到洛阳，各种牡丹在洛阳的皇家园林生根发芽。唐朝时，牡丹被誉为“国花”，有“洛阳牡丹甲天下”的美名流传于世。每年4月，洛阳市内各公园牡丹竞放，姹紫嫣红，五彩缤纷，美不胜收。在这时，洛阳会举行盛大的牡丹花会，数以万计的中外游客竞相观赏，真有点儿“唯有牡丹真国色，花开时节动京城”的意思。

牡丹

中州风情

ZHONGZHOU FENGQING

白马寺山门

白马驮经之功

洛阳白马寺位于河南省洛阳老城以东12千米处，创建于东汉永平十一年（68年），为中国第一古刹，有中国佛教的“祖庭”和“释源”之称。现存天王殿、大佛殿等建筑，多为明清时重建。山门两侧各立一匹青石圆雕马，高大威武。为什么要立石马呢？这跟白马寺的得名有关。

话说东汉时，汉明帝刘庄有一天夜梦金人，于是他遣使去西域拜求佛法。公元67年，使臣和印度的两位高僧以白马驮载佛经、佛像回到洛阳，汉明帝亲自迎奉。公元68年，汉明帝下令在洛阳雍门外建寺院，为铭记白马驮经之功，因此把这个寺叫作白马寺。

云台胜景

云台山位于河南省焦作市修武县境内，景区面积190平方千米，包括百家岩、红石峡、茱萸峰、青龙峡等许多景点。这里泉源丰富、植被茂盛，原始次生林覆盖了整个山峦，各种树木和奇花异草种类达400多种。去云台山，你一定要去看看云台天瀑，它坐落在泉瀑峡的尽端，是我国已发现的落差最大的瀑布之一，落差有314米。

云台天瀑

李商隐

名人掠影

MINGREN LUEYING

爱情诗人李商隐

李商隐（约813—约858），原籍怀州河内（今河南沁阳），祖辈迁到荥阳（今河南郑州荥阳市），字义山，号樊南生，是晚唐最出色的诗人之一，和杜牧合称“小李杜”，与温庭筠合称为“温李”。其诗构思新奇，风格绮丽，尤其是一些爱情诗和无题诗写得缠绵悱恻，优美动人，被广为传诵。他不仅擅长诗歌写作，骈文也写得十分出色，但部分诗歌过于隐晦迷离，难于理解，有“诗家总爱西昆好，独恨无人作郑笺”之说。因处于“牛李党争”的夹缝之中，李商隐的一生很不得志。

画圣吴道子

吴道子（约680—759），阳翟（今河南禹州）人，唐朝著名画家。画史尊称“吴生”，因其深信黄老道学，后改名为“道玄”。被后世尊称为“百代画圣”，被民间画工尊为祖师。早年孤贫喜欢作画，未及弱冠便能“穷丹青之妙”。

名人趣事

白居易与李商隐

白居易晚年非常喜爱李商隐的诗，曾经开玩笑地说：“希望我死后能够投胎当你的儿子。”后来李商隐大儿子出世，取名“白老”，不过这个儿子十分蠢笨。后来小儿子出世，也倒十分聪慧。大家都笑说，如果白居易投胎，当小儿子才是。

吴道子画像

22

第二十二章

江淮胜地
—— 安徽省

【简称】皖

【省会】合肥市

【面积】约14万平方千米

【行政区划】现辖16个地级市、43个市辖区、6个县级市、56个县

【地形】地势西南高、东北低，地形复杂多样

【气候】以淮河为分界线，北部属暖温带湿润半季风气候，南部属亚热带湿润季风气候

【民族】汉、回、满、畲等族

【风景名胜】黄山风景名胜区、九华山风景名胜区等

安徽真是“山也奇来水也秀”，当地民谣：“两根筷子夹着碗，屏障在西也在南，东面不平北边平，黄山胜过九华山。”这首民谣很好地概括了安徽省的地形地貌特点。说的是长江和淮河像两根筷子，中间夹着如碗的巢湖，西面的大别山和东南面的天目山如屏障，北边是一马平川的江淮平原，而皖南的黄山则是安徽的山水典范，九华山也毫不逊色，景色清幽。走，一起去看看锦绣多姿的安徽大地吧！

地形特征

DIXING TEZHENG

安徽地势西南高、东北低，地貌多样，以平原、丘陵、低山为主。长江、淮河横贯省境，将全省划分为淮北平原、江淮丘陵和皖南山区三大自然区域。

淮河以北，地势坦荡辽阔；江淮之间西耸崇山，东绵丘陵，山地岗丘逶迤不绝；皖南山区层峦叠嶂，峰奇岭峻。

黄山西海大峡谷

天下第一奇山

黄山，就像一位武功高手，拥有四大“绝技”：奇松、怪石、云海、温泉，它凭借这4点独步“江湖”，威风凛凛。黄山还是一个大家族，山上有名峰72座。它们有的崔嵬雄浑，有的峻峭秀丽，以天都峰、莲花峰、光明顶三大主峰为中心向四面铺展开来。这些山峰调皮极了，有的“咚”的一下跌落成深壑幽谷，有的闷声不响地隆起成峰峦峭壁，真是“天下第一奇山”哪！

黄山猴子观海

气候和资源

QIHOU HE ZIYUAN

扬子鳄

芜湖长江大桥

安徽地处暖温带与亚热带过渡地区。以淮河为分界线，北部属暖温带半湿润季风气候；南部属亚热带湿润季风气候。主要特征是气候温和，日照充足，季风明显，四季分明。

全年受季风气候影响，降水地区差异明显，年际变化很大，水旱灾害频发。水资源总量比较丰富，但时空分布不均衡。水能资源蕴藏量较大，绝大部分位于雨量较充沛、河道落差较大的皖西、皖南山区。

安徽还拥有丰富的矿产资源，已发现的矿产共150多种，产地达几千处。其中煤、铁、铜、硫铁矿、水泥用凝灰岩和明矾石的探明储量居多，是安徽省的优势矿产。

安徽因为气候环境良好，非常适合动植物繁殖，连扬子鳄、江豚这样的濒危动物都选择在这里休养生息。

活化石——扬子鳄

扬子鳄或称作“鼍”，是一种古老的爬行动物。在古老的中生代，它和恐龙一样，曾经称霸地球。后来，随着环境的变化，恐龙等许多爬行动物灭绝了，而扬子鳄和其他一些爬行动物却一直繁衍生存到今天。在扬子鳄身上，至今还可以找到先前恐龙类爬行动物的许多特征呢。所以，人们称扬子鳄为“活化石”。赶紧去动物园看看，看看扬子鳄是不是跟恐龙长得像呢？

徽地寻古

HUIDI XUNGU

棠樾牌坊群

棠樾牌坊群

棠樾牌坊群位于歙县郑村镇棠樾村，共7座，明建3座，清建4座。3座明坊为鲍灿坊、慈孝里坊、鲍象贤尚书坊；4座清坊为鲍文龄妻节孝坊、鲍漱芳父子乐善好施坊、鲍父渊节孝坊、鲍运昌孝子坊。7座牌坊古朴典雅，无论从前还是从后看，都以“忠、孝、节、义”为顺序。棠樾牌坊用质地优良的青石建造，既无一钉，也无一铆，石与石之间巧妙结合，历数百年不倒不败，堪称一绝。

别出心裁的牛形村落

宏村位于安徽省黄山西南麓，距今已近千年。聪明的古宏村人规划并建造了堪称“中华一绝”的牛形村落和人工水系。西头的雷岗巍然耸立，宛如“牛头”；村中的明清古建筑，如同庞大的牛的身躯；一条近千米长的清澈水渠，仿佛“牛肠”环绕全村，流经各家各户的门前；村中的半月形池塘——月沼，好比“牛胃”；水渠最后注入村南的湖泊——南湖，叫“牛肚”。整座村落就像一头大水牛，是建筑史上当之无愧的一大奇观。

醉翁亭

醉翁亭坐落在安徽省滁州市西南琅琊山麓，宋代大文学家欧阳修的传世之作《醉翁亭记》写的就是此亭。醉翁亭小巧独特，紧靠峻峭的山壁，飞檐凌空挑出。“醉翁之意不在酒，在乎山水之间也”。山虽不甚高，但清幽秀美，四季皆景。让泉、紫薇泉等山泉，泉泉甘冽；归云洞、雪鸿洞、重熙洞等岩洞，洞洞神

奇。虽然古亭以新貌示人，但人依旧为之迷醉！

醉翁亭

米公祠

安徽省无为县的米公祠，是北宋著名书画家米芾在无为做地方官时，为了收藏晋人古籍画卷而专门建造的书斋。去米公祠，你可以上奇山阁看奇石，体会“瘦、透、隙”的奇石之美；可舀来杏花泉井里的水煮粥，那粥颜色艳如杏花；还有墨池，要是你放一尾红鲤进去，让它游上一段时间，红鲤会变成黑鲤；最重要的还有宝晋斋，这里收藏着自晋唐以来历代名家碑碣160余块，真是令人大开眼界呀。

亳州花戏楼

对历史文化感兴趣的朋友，有一个地方非去不可，那就是亳州花戏楼。这座戏楼建于清康熙年间，位于亳州市西北，以精湛的雕刻、绚丽的彩绘驰名中外。整个建筑分戏楼、钟楼、鼓楼、座楼和关帝庙大殿等5个部分，是安徽省境内保存比较完好的古代建筑群之一。

宏村古镇

徽州之旅

HUIZHOU ZHI LÜ

黄梅戏：戏里有真情

黄梅戏《天仙配》

在过去，说起黄梅戏，那可真是无人不知、无人不晓哇！黄梅戏原名“采茶戏”“黄梅调”，是安徽省主要的地方戏之一。它的曲调美妙动听，表演生动活泼，语言通俗易懂，表演内容与人们的生活十分贴近，在今天依然深受人们的喜爱。著名的黄梅戏演员有严凤英、王少舫等，他们演出的《打猪草》《夫妻观灯》《天仙配》等剧目，脍炙人口，广为流传。

茶叶

安徽名茶：茶里有滋味

来安徽不如来一次“寻茶之旅”。第一站先到皖西大别山区寻找六安瓜片。此茶采制于每年4月中旬，去芽去梗，以单片叶为特色。第二站去霍山寻找霍山黄芽。此茶鲜叶细嫩，因山高地寒，开采期一般在谷雨前3～5天，采摘标准为一芽一叶、一芽二叶初展。黄山由于山高，土质好，温暖湿润，云雾缥缈，很适合茶树生长。黄山毛峰就长于此。特级黄山毛峰在清明前后采制，采摘标准为一芽一叶初展。成品茶叶形似雀舌，白毫显露，冲泡后，清香高长，汤色清澈。太平猴魁产于黄山脚下、太平湖畔，采摘于谷雨前后，成品茶两叶抱一芽，平扁挺直，不散、不曲。第三站也是最后一站到达祁门县，寻找“中国十大名茶”之中唯一的红茶——祁门红茶。此茶有水果的香味、松木的味道和花香，是最适合用作下午茶和睡前茶的茶种之一。

寻访完安徽名茶，去爬一下被誉为“天下第一奇山”的黄山，为自己的寻茶之旅画一个圆满的句号吧！

古村落：访古有悠情

如果你厌倦了都市的钢筋水泥，那就去皖南的古村落体验一下吧。皖南古村落选址强调天人合一的理想境界和对自然环境的充分尊重，注重物质和精神的双重需求，有科学的基础和很高的审美观念。皖南古民居建筑采用不同的装饰手法，建庭院、开凿水池、安置漏窗、巧设盆景、雕梁画栋、题兰名匾额，创造优雅的生活环境，体现了当地居民极高的文化素质和艺术修养。西递和宏村是皖南古村落中最具有代表性的两座，也是皖南地域文化的典型代表，集中体现了工艺精湛的徽派民居特色。

皖南民居

舌尖美味

SHEJIAN MEIWEI

无为板鸭

徽菜是八大菜系之一，因此安徽之旅怎么能放过品尝舌尖美味的机会呢。首先，推荐你品尝无为板鸭。无为板鸭又称无为熏鸭，是安徽省芜湖市无为县的名菜，早在清代道光年间就闻名于世，距今已有将近200年历史。板鸭是无为的“名片”。在无为，做板鸭的不计其数，其中的城南马家，城东燕家，开城镇的何家，可谓妇孺皆知的老字号，卤水配料和熏烤火候，都是祖上秘传，从不示人。美味的无为板鸭成为了无为的特色食品，广受欢迎。

方腊鱼

方腊鱼是安徽的一道汉族传统名菜，取鱼中上品鳜鱼，特别是皖南黄山一带山溪名产桃花鳜，采用多种烹调方法精制而成。此菜造型奇特，口味多样。鳜鱼在盘中昂首翘尾，有乘万顷波涛腾跃之势。这道菜叫方腊鱼，菜名的由来跟北宋末年农民起义领袖方腊有关系，是徽菜烹饪界人士为纪念农民起义英雄方腊而创制的，可见人民对于方腊的怀念之情是相当深厚的。

方腊鱼

太和板面

太和板面

太和板面即太和羊肉板面，是安徽北部地区面食的一面旗帜。相传太和板面源于三国时期，刘备、关羽、张飞驻守颍州（今安徽阜阳），张飞吃面总嫌太软、不筋道、清淡无味。厨师多次琢磨，面经过上百次的试和成功了。而后张飞又对厨师指明要用羊肉为料做汤，厨师灵机一动，添加近十多种能食用的药材（当然也包括辣椒）和羊肉一起为张飞做面，张飞吃后顿感可口。之后太和板面广为流行。

第二十三章

鱼米之乡
——江苏省

【简称】苏
【省会】南京市
【面积】陆地面积约10.3万平方千米
【行政区划】现辖13个地级市、55个市辖区、23个县级市、22个县
【地形】地形以平原为主，地势低平
【气候】亚热带向暖温带过渡区，气候温和，雨量适中，四季分明
【民族】汉、蒙古、回、苗、彝、壮、布依、满、侗、土家、水等族
【风景名胜】太湖风景名胜区、云台山风景名胜区、蜀岗–瘦西湖风景名胜区等

江苏地处美丽富饶的长江三角洲，境内平原辽阔，土地肥沃，物产丰富，历史上素有“鱼米之乡”的美誉。江苏还拥有丰富的旅游资源，既有小桥流水的古镇水乡，也有众口称颂的千年名刹，还有精巧雅致的古典园林以及烟波浩渺的湖光山色。来吧，美丽的江苏欢迎你！

地形特征

DIXING TEZHENG

油菜花

江苏省东临黄海，平原面积大，跨黄淮平原、江淮平原和长江中下游平原。山地仅限于西南部。假如你来了江苏，放眼一望，一定感到眼前“坦坦荡荡”。

江苏因长江、淮河分别流经南部和北部，京杭大运河纵贯南北，所以境内河湖众多，水路四通八达，鱼虾活蹦乱跳，被人们冠以“水乡”的美称。

南京紫金山

“虎踞龙盘今胜昔”，历史上有人用“龙盘虎踞”来形容南京地势的雄伟险要。这个“龙盘”，就是指巍巍紫金山。紫金山三峰相连，好像一条巨龙盘卧在南京的东面。因山坡出露紧色页岩，在阳光照射下，紫金山会出现紫金色光芒。

紫金山周围名胜古迹甚多：南有紫霞洞、一人泉；山前正中有中山陵；西有梅花山、明孝陵、廖仲恺和何香凝墓；东有灵谷公园、邓演达墓；北有明代徐达、常遇春、李文忠等陵墓。

紫金山历经千年而郁郁葱葱，融古代文明、近代特色、山水园林、生态休闲于一体，有“金陵毓秀”的美誉。

太湖

气候和资源

QIHOU HE ZIYUAN

江苏处于亚热带向暖温带的过渡区，气候温和，雨量适中，四季分明。江苏省是一个资源丰富的省份，其矿产资源不仅储量丰富，而且质量较高，铌钽矿、含钾砂页岩、凹凸棒石黏土、云母等资源储量居全国前列。

江苏的水资源、生物资源也很丰富，这里生活着许多世界著名的珍稀濒危动植物，动物有麋鹿、丹顶鹤等，植物有秤锤树等。

太湖八百里，鱼虾捉不尽

太湖，中国五大淡水湖之一，位于江苏省南部，长江三角洲南侧。湖区有48座岛、72座峰，湖光山色，相映生辉，处处体现着不带人工雕琢的自然美，有“太湖天下秀”的美称。

太湖不仅景美，特产也很多。太湖白鱼就是其中之一。太湖白鱼早在1300多年前，就被老百姓夸为“无锡第一鱼”。相传明朝末年，清兵打入太湖，太湖渔民张三与清兵作战时，手臂中箭，手中大刀掉入湖中。慌忙中，他弯腰从湖中拾起一把银刀，把清兵杀得落荒而逃。事后，张三一瞧手中兵器，原来是一条银光闪烁的白鱼。从此，太湖白鱼又被称作“太湖银刀”。

与太湖白鱼齐名的还有太湖白虾。据说用太湖白虾做的“醉虾”端到桌上，虾还在蹦跳呢！

太湖银鱼

四不像

四不像是什么？就是麋鹿，俗称“四不像”。雄性麋鹿有角，角像鹿、尾像驴、蹄像牛、颈像骆驼，但从整体来看哪一种动物都不像，因此被称为“四不像”。麋鹿原是我国特有的动物，至今已有200多万年的历史。古人称麋鹿为“神兽”。现在中国的麋鹿主要分布于江苏省、湖北省和北京市。

历史的遗迹

LISHI DE YIJI

中山陵

伟人精神长存

说起孙中山先生，你知道哪些关于他的故事呢？他可是民主革命伟大的先行者。孙中山先生去世后，南京国民政府遵照他生前安葬在钟山的遗愿，在紫金山（古时称“钟山”）选址建造中山陵。中山陵是一处很有特色的陵园。中山陵坐北朝南，主要建筑有牌坊、墓道、陵门、石阶、碑亭、祭堂和墓室等。此外，音乐台、光华亭、流徽榭、仰止亭、藏经楼、行健亭、永丰社、中山书院等建筑，众星捧月般环绕在陵墓周围，衬托得整座陵园气势恢宏，庄严肃穆。

秦淮河

秦淮河被视为南京的“母亲河”，其中流经南京城内的一段被称为“十里秦淮”。十里秦淮在六朝时为繁华的居民区和商业区。十里秦淮风光以灯船最为著名。秦淮河上的船一律悬挂彩灯，游秦淮河的人也都一定要乘灯船欣赏美景。朱自清先生曾写过名篇《桨声灯影里的秦淮河》，里面便有关于秦淮河灯船的描写。

唐代诗人刘禹锡的《乌衣巷》曾写道：“朱雀桥边野草花，乌衣巷口夕阳斜。旧时王谢堂前燕，飞入寻常百姓家。”这首诗中的乌衣巷就在十里秦淮南岸，东晋时是名门望族的聚居区。东晋时期著名政治家、书法家王导和东晋著名政治家谢安都曾住在这里。

游秦淮河，还有一个地方不得不去，那就是夫子庙。夫子庙始建于宋，位于秦淮河北岸，是供奉和祭祀孔子的地方，中国四大文庙之一。庙前的秦淮河为泮池，南岸的石砖墙为照壁，全长110米，高10米，是全国照壁之最。北岸庙前有聚星亭、思乐亭，中轴线上建有棂星门、大成门、大成殿、明德堂、尊经阁，另外庙东还有魁星阁。

秦淮河

江南名园

JIANGNAN MINGYUAN

网师园

拙政园

原味苏州，古朴回忆

在苏州有一条弯弯曲曲的羊肠小巷——阔家头巷，世界名园网师园就在这里。网师园始建于南宋，原本只是一个名叫“渔隐”的小型私家花园，后经过多次修建，成为典型的宅园合一的私家园林。

一到网师园门口，就有穿着古装的工作人员来引导，让你仿佛进入了时光隧道。每逢3月到11月，网师园还夜夜举办“夜花园演出”，你可以欣赏到8个古装戏节目，如舞蹈、评弹、箫、民歌等。此时的网师园宫灯昏黄，与池水相映成景，仿佛让人回到了古代。

私家花园中的经典

位于江苏省苏州市娄门内东北街的拙政园是“苏州四大名园”之一，它是苏州园林中最大、最著名的一座，称得上是中国私家园林中的经典。

全园以水为中心，分东、中、西三部分，山水萦绕，亭榭精美，花木繁茂，充满诗情画意。东花园开阔疏朗，中花园是全园精华所在，西花园建筑精美，各具特色。

江苏民俗

JIANGSU MINSU

8月摸秋不为偷

每年立秋那天夜晚，在江苏省盐城北部，人们可以从自家或别人家的瓜园中摸回各种瓜果，俗称“摸秋”。丢了“秋”的人家，无论丢多少，也不叫骂。

相传元朝末年，淮河流域出现了一支农民起义军，参加起义队伍的将士都是农民出身，因此他们特别体谅百姓的难处，所到之处，秋毫无犯。一天，这支起义军转移到淮河岸边，夜深了不方便打扰百姓，于是便在野地里睡觉。有几个士兵饥肠辘辘，忍不住在田间摘了一些瓜果充饥。这事被主帅知道了，一定要治他们的罪。村民知道后，纷纷向主帅求情。为了替偷瓜战士开脱，一个老人随口说：“八月摸秋不为偷。”那几个士兵因此被赦免。那天正好是立秋日，从此便留下了“摸秋”的习俗。

指尖上的江南情结

苏州是一座有着2500多年历史的文化名城，素有“东方威尼斯”的美誉。享誉中外的苏州刺绣（即苏绣）就是在这里发祥的。它以针法精细、色彩雅致而著称，无论是人物还是山水，都体现出生动细腻的江南风格。

苏绣

相传苏绣自宋代开始兴盛，那时农村家家养蚕、户户刺绣，城内还出现了绣线巷、滚绣坊、锦绣坊、绣花弄等坊巷。当时，不但很多家庭主妇以刺绣为生，连富家闺秀们也都十分喜爱刺绣，她们认为刺绣最能陶冶性情。

如今，苏绣仍然是苏州最重要的手工艺术品，被国外友人称为“东方的明珠”。

别样风情

BIEYANG FENGQING

昆 曲

昆曲《牡丹亭》剧照

昆曲，又称昆剧、昆腔、昆山腔，是中国最古老的剧种，也是中国传统文化艺术中的珍品。昆曲发源于14世纪中国的苏州昆山一带，后经改良而走向全国，自明代中叶独领中国剧坛近300年。昆曲糅合了歌、舞、介、白等表演手段，以曲词典雅、行腔婉转、表演细腻著称，被誉为“百戏之祖”。昆曲以鼓、板控制演唱节奏，以曲笛、三弦等为主要伴奏乐器，其唱念语音为“中州韵”。昆曲在2001年被联合国教科文组织列为“人类口述和非物质遗产代表作”。由白先勇先生改编的青春版《牡丹亭》，自2004年开始进行世界巡演，让更多的外国观众认识了中国昆曲。2008年北京奥运会开幕式上，《春江花月夜》更是将昆曲的魅力和内涵发挥到了极致。

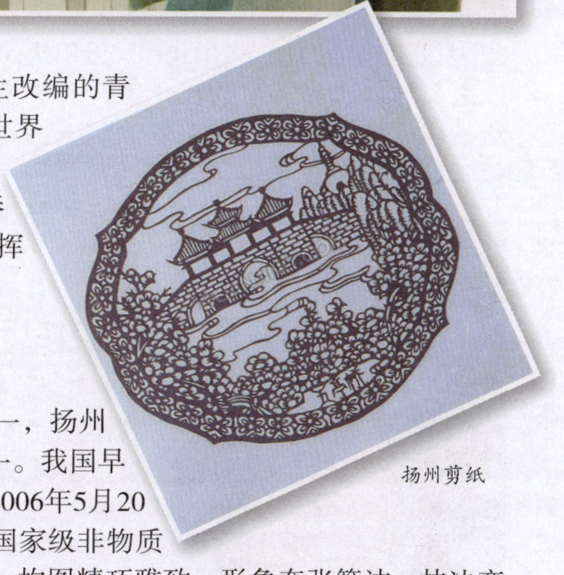
扬州剪纸

扬州剪纸

扬州是中国剪纸流行最早的地区之一，扬州剪纸是中国南方民间剪纸艺术的代表之一。我国早在唐宋时期就有“剪纸报春”的习俗。2006年5月20日，扬州剪纸经国务院批准列入第一批国家级非物质文化遗产名录。扬州剪纸线条清秀流畅，构图精巧雅致，形象夸张简洁，技法变中求新，形成了特有的“剪味纸感”和艺术魅力。

名人风采

MINGREN FENGCAI

治世精英——顾炎武

顾炎武

数千年来，众多俊彦之士，伴随着沧海风云、桑田雾雨，聚首在江苏这片广袤的沃土上。顾炎武（1613—1682）就是其中一位。他是昆山千灯人，是明末清初杰出的思想家、爱国学者。他一生广泛涉足于学术文化的海洋，在经学、史学、方志舆地、音韵、金石考古等方面都有卓越成绩。他坚决摒弃宋明理学的思辨玄说、空谈心性，提倡严谨精勤的学风和朴实的经验归纳法，开创崇实致用的治学精神、严谨绵密的考据方法，对清代学术文化的发展，产生了极其深远的影响。

科学巨匠——钱伟长

钱伟长

钱伟长（1912—2010），无锡人，中国近代“力学之父”，世界著名的科学家、教育家，杰出的社会活动家。他是中国科学院资深院士，在应用数学、物理学、中文信息学等领域著述甚丰——特别在弹性力学、变分原理、摄动方法等领域成绩卓著。

李菊

体坛精英——李菊

李菊，1976年生于江苏南通，是江苏众多著名体育健将的杰出代表之一。作为一名乒乓球运动员，李菊的身上有一种霸气，一种王者风范。她7岁开始练乒乓球，1986年进少年体校，1990年进江苏省队，1991年入选国家青年队，1992年入选国家队，2000年获得第27届奥运会女子乒乓球双打冠军。

第二十四章

24 东方明珠

——上海市

【简称】沪
【别称】申城
【面积】约0.634万平方千米
【行政区划】辖16个区、1个县
【地形】整体地势坦荡低平
【气候】亚热带季风性气候
【民族】汉、回、满、蒙古、藏等族
【风景名胜】东方明珠广播电视塔、上海野生动物园等

上海是一座历史悠久的文化城市，也是一个不断发展、日渐强盛的现代都市。在这里，外滩老式的西洋建筑与浦东现代的摩天大楼交相辉映；徐家汇大教堂圣诗声声，玉佛寺香烟袅袅；过街楼下的麻将老人，弄堂里的足球少年……现代化、国际化、时尚化的上海，热情地欢迎你的到来！

地形特征

DIXING TEZHENG

上海位于美丽富饶的长江三角洲靠近海的部位，是一个平坦温润的地方。

这里地势平坦，土质疏松，海拔平均3～5米，真是“矮”得可怜！不过矮有矮的好处，在这里你可以欣赏到高山、高原没有的碟形洼地、碟缘高地以及江口沙洲。

长江门户，东海瀛洲

崇明岛

崇明岛位于长江入海口，像一条可爱的春蚕，是我国第三大岛，也是世界上最大的沙岛。

崇明岛是新长江三角洲发育过程中的产物，它的原处是长江口外浅海。长江奔泻东下，流入河口地区时，由于比降减小，流速变缓等原因，所挟大量泥沙于此逐渐沉积，一面在长江口南北岸造成滨海平原，一面又在江中形成星罗棋布的河口沙洲。这样一来，崇明岛便逐渐成为一个典型的河口沙岛。它从露出水面到最后形成大岛，经历了千余年的涨坍变化。

上海市市花白玉兰

气候和资源

QIHOU HE ZIYUAN

上海属亚热带季风性气候，气候温和湿润，四季分明，日照充分，雨量充沛。全年60%左右的雨量多集中在5～9月的汛期。这个时候去上海的朋友，一定要记得自备雨伞！

上海虽然矿产资源极其匮乏，然而在其他资源方面也不是全无优势。这里有众多的天然湖泊，螺、蚬、蚌等生物资源比较丰富。其稠密的水网，为淡水养殖提供了良好的条件。

“母亲河”黄浦江

黄浦江是上海市的母亲河。它源于太湖，到吴淞口入长江。这儿还形成了一道奇景——黄浦江、长江和东海三股水流交汇，如果正值涨潮期，你便可看到著名的“三夹水”奇观：一道青灰色的水，这是黄浦江从市区带出的；一道绿色的水，这是东海水；一道夹有泥沙的黄色水，这是长江带来的。三股水形成色彩鲜明的对比，有趣极了！

风光秀美的淀山湖

淀山湖是上海最大的天然淡水湖泊，有“风吹芦苇倒，湖上渔舟飘，池塘荷花笑”的怡人景象。淀山湖的外围散落着享有盛名的朱家角古镇、上海大观园、东方绿舟、上海太阳岛、陈云纪念馆等旅游景区。要是你不嫌累，那就赶紧去体验体验吧！

朱家角古镇

上海夜景

上海夜景

历史文化

LISHI WENHUA

没有弄堂，就没有上海

上海新天地

去北京，你一定会逛逛北京最具特色的胡同；那么到上海，你就一定不能错过弄堂。弄堂，是上海特有的民居形式。生活在19世纪中叶至20世纪后期的上海人在童年时代几乎都有与小朋友一起在弄堂中玩游戏的经历。如今这些人在网上戏称彼此为“弄友”。男孩子们玩的大多是打弹子、钉橄榄核、滚铁环、扯响铃等游戏，女孩子们则玩跳橡皮筋、跳房子、踢毽子等。

在旧时，上海弄堂中最为常见，同时也是最为热闹的是那些卖小吃点心的生意。上海的各条大街小巷，营造了一种浓浓的弄堂生活情韵。

想了解旧上海的记忆吗？那就去上海的弄堂看看吧，或许你会找到电影中旧上海滩的感觉呢。

豫园

献给父母的礼物

豫园是上海著名的古典园林，是明代曾任四川布政使的潘允端特地请著名园艺家为他的父母设计并建造的，有“豫悦老亲”（“豫”与“愉”同义）的意思，所以叫“豫园”。园区仰山堂东游廊口有一对铁狮子，好像活的一般，你可千万别被吓着；鱼乐榭的溪流上，有一垛隔水花墙，墙上有漏窗，墙下处有半洞门，水从洞门流出，伴有游鱼流过，十分有趣。要是运气好的话，你还可能与园内的100个不同字体的木雕“寿”字碰个正着！

现代风貌

XIANDAI FENGMAO

黄浦江两岸

东方明珠广播电视塔

到了上海，不用费多大劲儿就能发现一个突出的建筑——东方明珠广播电视塔。这个身高468米的巨人位于浦东新区陆家嘴，由11个大小不一、高低错落的球体串联而成。各个球体内布置都不一样，其中第二个球体内是悬空观光廊，你可以在这里体验“720度全方位”的观光感受。

有人会问：塔上这么好玩儿，塔底呢？塔底的科幻城有森林之旅、南极之旅、魔幻之旅、探险列车等项目让你尖叫连连，还有“太空热气球”可以把繁华的大上海送到你的脚底下。

金茂大厦夜景

购物天堂

身高420.5米的金茂大厦可是上海不折不扣的购物天堂，里面商品齐全，纪念品尤其吸人眼球，你最好紧紧捂住自己的钱袋子！

金茂大厦还有两大看点：一是大厦内两台每秒运行9.1米的极速电梯，它们有一个美称，叫“时光穿梭机”；二是大厦第88层观光厅中的“空中邮局”，在这里寄一张明信片给朋友或自己，是一个不错的主意！

建筑的盛会

上海外滩的“万国建筑”位于黄埔江边，建筑式样五花八门，有“欧洲古典”式、“文艺复兴”式、“中西结合”式。这些大厦出自不同建筑师之手，风格迥异，但是建筑格调统一，建筑轮廓协调，享有“万国建筑博览”的盛名。无论是极目远眺还是徜徉其间，都能感受到一种刚健、雄浑、雍容、华贵的气势。

中华商业第一街

南京路是上海最早的一条商业街，素有“中华商业第一街”的美称。南京路商业街东起外滩，西至延安西路，全长约5.5千米，以西藏中路为界，分为东西两段，是中外游客的购物天堂。

新时尚地标

上海新天地坐落在市中心，位于淮海中路南侧、黄陂南路和马当路之间。它以上海独特的石库门建筑为基础，将上海传统的石库门里弄与充满现代感的新式建筑结合起来，外表保留着老上海的历史风情和文化底蕴，内部却依照21世纪现代都市人的方式、生活节奏、情感世界和消费体验量身定做，体现出闲适生活的氛围和格调。

衡山路休闲街

衡山路拥有上海最古老的法国梧桐、西式的洋房、古典的教堂、铁铸的老式路灯、围墙上的油画与绿色植物和各色装饰典雅的餐厅、咖啡馆。白天的衡山路上充满浓郁的旖旎风情。一到晚上，这里又立刻变身为上海怀旧色彩浓郁的酒吧街区。

上海南京路夜景

名人故居

MINGREN GUJU

孙中山故居

上海孙中山故居纪念馆位于上海香山路7号，主要由孙中山故居和孙中山文物馆两个展示场所组成。孙中山故居是一幢欧洲乡村式小洋房，由当时旅居加拿大的华侨集资买下赠送给孙中山。孙中山和夫人宋庆龄于1918年入住于此，1925年3月孙中山逝世后，宋庆龄继续在此居住至1937年。在这里，孙中山改组了国民党，促成了第一次国共合作，完成了《孙文学说》等著作。

上海孙中山故居

巴金故居

上海巴金故居坐落于上海武康路113号，是一座风格简朴的花园住宅，由一座主楼、南北两侧配楼和一个花园组成。1955年，巴金迁入武康路，之后在这里生活、写作长达半个世纪。巴金住在武康路寓所的半个世纪里，中国经历了风风雨雨，巴金也写就了众多传世名作，包括被誉为“说真话的大书”的五卷《随想录》、被改编成电影《英雄儿女》的抗美援朝小说《团圆》等文学名著。

张爱玲故居

位于常德路195号的常德公寓，当年的名字是爱丁堡公寓。张爱玲于1939年至1948年居于此。她的《公寓生活记趣》说的便是这座大楼里的喜忧。张爱玲在此完成了《倾城之恋》《沉香屑——第一炉香》《沉香屑——第二炉香》《金锁记》等著作。

上海风俗

SHANGHAI FENGSU

本帮菜

日常生活中，我们听说过苏菜、粤菜、川菜、鲁菜、浙菜、闽菜、湘菜、徽菜“八大菜系”，没听说过上海的菜系呀！别急，上海的菜也非常好吃，上海人称它为“本帮菜”。

上海菜咸中带甜，油而不腻，其中特色菜有响油鳝糊、油爆河虾、油酱毛蟹、锅烧河鳗、红烧圈子、佛手肚膛、黄焖栗子鸡等。啧啧啧，光听名字就已经让人流口水啦！

对了，如果你去上海旅游，还要尝一尝上海市民早点的“四大金刚”。哪“四大金刚”呢？就是大饼、油条、粢饭和豆浆。吃着有上海特色的早点，感受浓浓的上海味道，真是不错的享受呢！

上海年夜饭

在中国，农历除夕夜俗称大年夜，这一天晚上，全家老少围坐在餐桌前吃饭，俗称吃“年夜饭”。上海也不例外。上海的年夜饭也富有特色，除了鸡鸭鱼肉外，还要添上两样菜底——炒塌棵菜和糖醋银丝芽，另外还得备上如意菜（黄豆芽）等。这顿饭如果有家人远行在外，也必须添上碗筷，表示团圆无缺。

上海人在吃年夜饭的时候，有多种忌讳，如不许淘汤。据说，淘汤吃饭，来年出远门办事会遭雨淋。这种说法听起来有点儿迷信的意思，但寄托着人们祈福消灾的愿望。

年夜饭

25

第二十五章

千湖之省
——湖北省

【简称】鄂
【别称】荆楚大地、江汉
【省会】武汉市
【面积】18.6万平方千米
【行政区划】现辖12个地级市、1个自治州、38个市辖区、24个县级市、38个县、2个自治县、1个林区
【地形】西、北、东三面被山地环绕，中南部为平原，地势西高东低，相差悬殊
【气候】亚热带湿润季风气候
【民族】汉、土家、苗、回、侗、满、壮、蒙古等族
【风景名胜】长江三峡风景名胜区、武当山风景名胜区、隆中风景名胜区等

湖北因地处洞庭湖以北而得名，又称“千湖之省”。湖北的地理位置很特别，具有“九省通衢”的美誉。这里是楚文化的发源地，同时历史上还有“惟楚有才”的盛誉，可谓人文荟萃。楚地风景极有特色，有三峡奔涌的狂放，有赤壁的沉稳，古今融贯、刚柔兼备，这样的湖北怎能不让人心动呢？

地形特征

DIXING TEZHENG

湖北省地势呈三面高起、中间低平、向南敞开、北有缺口的不完整盆地。山地、丘陵和平原兼备，地势高低相差悬殊，西部是号称“华中屋脊”的神农架，其最高峰神农顶，海拔达3106.2米；东部平原的监利县谭家渊附近，地面海拔高度为零。在这里，你能深刻体会到，地球地表如何一级一级像梯子一般的样子。

武当山

武当山位于湖北有北部十堰市境内，是中国名山。山上胜景很多，有72峰、36岩、24涧，处处有奇景。其中天柱峰海拔最高，像是把天都撑住了。武当山是一座道教名山，去了那里可以尝尝健康又美味的“道家斋饭”。

旅游小贴士

武当山旅游温馨提示：

1.进入道观后不要用手指点神像，也不要背对着神像；进殿时不要踏在门槛上，也不要大声喧哗。

2.山上道人修道是为了长寿，所以最好不要问道人的年龄。

3.看到朝贡的人要安静、恭敬，不要说脏话。

4.在武当山上，许多地方都没有人烟，如果你对地形不熟悉，千万不要乱跑。

武当山

气候和资源

QIHOU HE ZIYUAN

金丝猴

神农架林区

湖北地处亚热带，位于典型的季风区内。全省除高山地区外，大部分为亚热带季风气候，日照充足，热量丰富，无霜期长，降水充沛，雨热同季。但因境内地形复杂，气候不仅南北差异明显，东西差异也很显著。

湖北的水资源丰富。长江像一条巨大的飘带从这儿弯弯曲曲地飘过，众多湖泊如明珠、如玉盘，众星捧月般点缀着风吹稻花香的“千湖之省”。想不想一睹“洪湖水，浪打浪”的神奇秀美呢？那就来湖北吧！

“华中屋脊”——神农架

神农架林区位于湖北省西部边陲，包括多个景区。神农架拥有世界中纬度地区唯一保持完好的亚热带森林生态系统，动植物古老且珍稀。珙桐、银杏、红豆杉、冷杉、岩柏、桫椤等植物遮天蔽日；金丝猴、华南虎、金钱豹、白冠长尾雉、大鲵、白熊、苏门羚以及白鹤、金雕等飞禽走兽出没于草丛林间。

桫椤

洪　湖

洪湖是江汉湖群中的“明星”湖泊，随着《洪湖赤卫队》而扬名天下。它是湖北省最大的淡水湖，拥有湖北有机物含量最丰富的湖水。这儿还是我国重要的淡水鱼产地。假如你想吃到味道鲜美的甲鱼、大闸蟹、乌龟、龙虾、黄鳝等，那就快来洪湖吧！

关帝庙关羽雕像

峥嵘岁月

ZHENGRONG SUIYUE

失不掉的荆州

湖北人非常敬重关公，当年关羽出兵伐吴得胜归来，荆州军民就在大北门外敲锣打鼓放鞭炮，夹道欢迎他。如今，这条街还叫“得胜街”。

为了纪念关公，每年正月和农历五月十三，关帝庙都要举行大型庙会。庙会这天，人们到这里来玩龙灯、划采莲船、骑马射箭、吹喇叭套轿子等，关帝庙内外热闹非凡。

只待知音赏

武汉是一座很有文化气息的城市，不仅有“天下江山第一楼”的黄鹤楼、“楚国晴川第一楼”的晴川阁，还有“琴心琴韵”的古琴台。古琴台位于武汉汉阳龟山，又叫“伯牙台”“碎琴台”，是武汉著名的音乐文化古迹。

相传春秋时期，楚国琴师俞伯牙就在这里抚琴抒怀。他的琴声高妙悠远，可惜没有一个人听得懂，只有山上的樵夫钟子期能明白他寄托在音乐里的志趣。两人因为音乐结缘，成为知己。几年后，钟子期不幸病故，俞伯牙经过这里，听到消息，悲痛欲绝，当即把琴摔碎，从此再不弹琴。人们为了纪念俞伯牙、钟子期的深厚友谊，特意在这里修筑了琴台。

古琴台蜡像

风神俊秀话当下

FENGSHEN JUNXIU HUA DANGXIA

武汉长江大桥

一桥飞架南北，天堑变通途

在武汉蛇山和汉阳龟山之间的江面上，横卧着一条巨龙，那就是武汉长江大桥。全桥总长1670余米，是中国在万里长江上修建的第一座铁路、公路两用桥。

桥的设计非常有趣，是典型的中国民族建筑。桥面两侧齐胸高的铸铁雕花栏杆遍布着具有民族特色的各种图案，上面的图案来自民间传说、神话故事等，有“孔雀开屏”“鲤鱼戏莲”“喜鹊闹梅”“玉兔金桂”等。漫步在武汉长江大桥上，仿佛走入一座故事的长廊。

“飞”来的城市——十堰

丹江口

同“汽车城”一样，“武当山”“丹江水”也是十堰走向世界的闪耀名片。武当山以人间仙境与道教文化名扬天下。提到武当山就不得不提张三丰。传说，明朝时候，武当山有个道士叫张三丰。张三丰又穷又脏，早晨不洗脸，晚上不洗脚，一年到头不换衣裳，两年不晒被子，人们都叫他“邋遢张”。别看“邋遢张”邋遢，他却有一身好武艺，会玩大把戏（杂技），也会玩小把戏（魔术）。说话、做事，疯疯癫癫的，似真非真，似假非假，叫人琢磨不透。所以有人称张三丰为“张三疯”，也有人说“邋遢张”是半仙之体。

而十堰的丹江口水库则是亚洲第一大人工水库。到了这里，你会发现有一座高15米的天然石佛端坐在狮子山壁上，它正微笑地望着你呢。

旅游民俗

▶▶ LÜYOU MINSU

武汉大学

樱花盛开的地方

武汉大学是全国重点大学。说起武汉大学，不得不提武汉大学的樱花。武汉大学校园以樱花而有名，被称为“世界最美丽的大学校园”之一。这里有樱花城堡、樱花大道、樱顶、珞珈广场等相关景点。每当寒冬过后，梅花凋谢之时，早樱开放，继而小樱花、垂枝樱花、晚樱等相继开放。盛开时节，樱园酷似花的海洋，成千上万的游客慕名而至，流连观赏，如醉如痴，大有“三月赏樱，唯有武大”的意趣。

除了樱花，武汉大学校园内中西合璧的宫殿式建筑也非常有韵味。这些早期建筑群古朴典雅，巍峨壮观，堪称“近现代中国大学校园建筑的佳作与典范”，如宋卿体育馆、樱园老斋舍、老图书馆、半山庐、十八栋。这些建筑群气势雄伟，新老建筑交相辉映，相得益彰。

天下名楼——黄鹤楼

黄鹤楼，位于中国湖北省武汉市长江南岸武昌蛇山峰岭之上，始建于三国时代吴黄武二年（223年），距今已有1790多年历史。黄鹤楼被誉为“天下名楼”，吸引了历代众多著名文学家、诗人题咏，其中最著名的是唐代诗人崔颢“昔人已乘黄鹤去，此地空余黄鹤楼”的诗句。

黄鹤楼

三峡版画

三峡是长江的画廊。旖旎迷人的三峡风光，孕育了世代生活在三峡两岸人民的博大丰厚的艺术情愫，农民版画便是展示其才情的艺术之一，其中以夷陵区最为突出。地处鄂西长江西陵峡两岸的夷陵区，为巴楚文化之故地。山水钟灵毓秀，民风自然淳朴，孕育了别具特色的民间艺术形式——夷陵现代民间版画。

土家女儿会

土家女儿会也叫恩施女儿会，被誉为“东方情人节”或“土家情人节”。一般每年的农历七月十二这一天，是传统的“女儿会”吉日。女儿会是恩施州土家族具有代表性的区域性民族传统节日之一，是一种独特而新奇的节俗文化。女儿会起源于恩施红土乡石灰窑、大山顶一带，如今已发 展成全州性的民族节日。

参加女儿会的土家族女孩

舌尖美味

SHEJIAN MEIWEI

热干面雕塑

武汉热干面

热干面是武汉的传统小吃之一。据传20世纪30年代初，在汉口长堤街有个名叫李包的小贩，以卖凉粉和汤面为生。有一天，天气很热，不少面条没卖完，李包怕面条变质，就将剩面条煮熟、沥干，晾在案板上。可他一不小心，碰倒案板上的油壶，麻油泼在了面条上。李包没办法，只好重新晾晒面条，第二天再做成凉面。哪料到，这些泼了麻油的凉面味道格外好，香气四溢，人们争相购买，吃得津津有味。李包也顺便给它起了个新的名字——热干面。从此，热干面的名气越来越大，成了武汉著名的小吃。

清蒸武昌鱼

清蒸武昌鱼

清蒸武昌鱼是湖北鄂州传统的汉族名菜，属于鄂菜。这道菜选用鲜活的樊口团头鲂为主料，配以冬菇、冬笋、并用清鸡汤调味。成菜鱼形完整、色白明亮、晶莹似玉；鱼身缀以红、白、黑配料，更显出素雅绚丽。

黄石港饼

黄石港饼

黄石港饼是湖北省黄石市的汉族传统名点之一。黄石港饼是由面粉、芝麻、冰糖、小麻油、金钱橘、糖桂花等十几种上等原料制成，以其锣弦鼓边，麻色黄亮，松酥爽口，甜润清香，顺气开胃，回味悠长和具有浓郁的天然麻香味的独特风味名扬湖北，畅销全国。黄石港饼至今已有170多年的历史，2011年3月被商务部评为“中华老字号”。

第二十六章

芙蓉潇湘
——湖南省

【简称】湘

【别称】芙蓉国

【省会】长沙市

【面积】21.18万平方千米

【行政区划】13个地级市、1个自治州、34个市辖区、16个县级市、65个县、7个自治县

【地形】湖南地势属于云贵高原向江南丘陵和南岭山地向江汉平原的过渡地带

【气候】大陆型中亚热带季风湿润气候

【民族】汉族、苗族、土家族、侗族、瑶族等

【风景名胜】岳阳楼、君山、张家界、岳麓山、天子山、南岳衡山、索溪峪、苏仙岭、桃花源、马王堆汉墓等

湖南因全省大部分地处洞庭湖以南而得名，因省内最大河流湘江贯穿南北而简称“湘”，因自古广植木芙蓉而有“芙蓉国”之称。湖南自古人文荟萃、名人辈出，并且物产丰富。游胜迹，访名人，吃辣味，探桃源，和我一起走进潇湘大地吧！

地形特征

DIXING TEZHENG

湖南地貌就像一幅灵动艳丽的湘绣图。其东、南、西三面环山，中部为丘陵盆地，北部平原、湖泊展布，呈朝北开口的不对称马蹄形。假若你对这只“马蹄”颇有兴趣，那么不妨亲自游览一番，潇湘山水定会给你别样的惊喜。

美景天堂——张家界

张家界位于湖南省西北部，是一个集秀丽、原始、集中、奇特、清新“五绝”于一身的“美景天堂”。而在张家界堪称一绝的，又要数桑植县的九天洞。九天洞因有九个天窗与洞顶地面相通而得名。洞内分上、中、下3层，最下层比地表还要低400多米。洞内有36个支洞交错相连，还有40余座大厅、10余座洞中山、6方千丘田、5座自生桥、3段阴河、3个天然湖、12瀑、3井等景。洞中风景是典型的喀斯特景观，石林密布，钟乳悬浮，岩浆铸成的各种精致景物婀娜多姿。对石笋、石柱、石幔、石花、石人、石兽感兴趣的同学，在这里完全可以大饱眼福。

张家界天子山

气候和资源

QIHOU HE ZIYUAN

湖南为亚热带湿润季风气候，具有三个特点：第一，光、热、水资源丰富，三者的高值又基本同步；第二，气候年内变化较大，冬寒冷而夏酷热，春温多变，秋温陡降，春夏多雨，秋冬干旱；第三，气候垂直变化最明显的地带为山地，尤以湘西与湘南山地更为显著。

湖南是一个充满水乡风情的地方。省内河流众多，这些水量充沛的河流，绝大部分流入洞庭湖，构成了一个沟通长江、扇子一般打开的洞庭湖水系。站立在湘江边，你能感受到绿幽幽的水带着神秘与柔柔的光芒，正自远处白云飞鸟间轻轻升起。

湖南很美，它的美延伸到地底下。这里素有“有色金属之乡”和“非金属矿之乡”的称号。湖南的植物种类也非常多，珍稀树种达50多种。植被丰富，自然有动物前来，华南虎、云豹、穿山甲、短尾猴等就是这里忠实的住家。

洞庭湖

洞庭湖位于湖南省北部，是长江中游对江水有重要调蓄作用的天然湖泊，也是湖南的“鱼米之乡”。洞庭湖是一个古老而又神奇的湖，浩瀚无际，自古就吸引着无数杰出的文人骚客吟咏、歌颂。范仲淹曾这样描述洞庭湖：“衔远山，吞长江，浩浩汤汤，横无际涯，朝晖夕阴，气象万千。”

洞庭湖就像一幅壮美的画卷，画面上碧波万顷，浮光跃金，诗意荡漾。

洞庭湖

古风今韵

GUFENG JINYUN

长沙世界之窗

长沙世界之窗

长沙世界之窗坐落于长沙市金鹰影视文化城，是一座综合性的大型主题公园。公园共有100多个景点供你游玩，其中欢乐谷让你尽情体会美国西部风光和印第安文化；神秘谷反映了绚丽多彩、风姿各异的亚洲各国文化；趣味盎然的娱乐城堡与超大比例玩具组合而成的妙趣横生的儿童乐园准保让你乐翻天。最神奇的是，你都不用怎么移动脚步，就能在这里玩遍世界上120个国家的名胜古迹。热爱冲浪的朋友就更有福了，公园有上下落差达25米的超级冲浪板，游客们可以坐在充气的皮划艇内，从冲浪板的一端顺坡高速滑下，在“U”形槽中上下摆动。你可不要惊喜得尖叫哟！

辛追复原塑像

马王堆里的秘密

马王堆汉墓位于长沙市东郊的马王堆，是西汉初期长沙国丞相轪侯利苍及其家属的墓地。

马王堆汉墓共出土珍贵文物3000多件，绝大多数保存完好。其中有各种漆器，制作精致，纹饰华丽，光泽如新。出土的素纱襌衣，轻若烟雾，薄如蝉翼，织造技巧真是巧夺天工。马王堆汉墓还出土了一具享誉世界的西汉女尸，据考证是利苍的妻子辛追，死时年龄大约50岁。其出土时软组织有弹性，关节能活动，血管清晰可见，是世界考古史上前所未见的不腐湿尸。

历史的天空

LISHI DE TIANKONG

岳麓书院

千年学府

岳麓书院位于风景秀丽的岳麓山下，是中国古代的高等学府，始建于北宋，是一座名副其实的千年学府。

岳麓书院历史上经历多次战火，曾七毁七建，现存主要建筑是清朝遗构。岳麓书院占地面积21000平方米，主体建筑有头门、二门、讲堂、半学斋、教学斋、百泉轩、御书楼、湘水校经堂、文庙等，各部分互相连接，完整地展现了中国古代建筑气势恢宏的壮阔景象。除建筑文物外，岳麓书院还以保存大量的碑匾文物闻名于世。

屈子祠里桂花香

屈原雕像

屈子祠，又叫“屈原庙”，位于汨罗市西北玉笥山顶，为纪念爱国诗人屈原而建。它始建于汉代，清代移建于玉笥山上。

屈子祠依山面江，景色秀美。从这里往南远眺，大江南岸诸峰历历在目。每逢端午佳节，为了纪念屈原，人们还会在这里举办龙舟竞渡。那时江上彩舟如梭，岸上游人如织，你也可以去凑凑热闹哟！当然，到了屈子祠不可不去看看祠内那两株桂花树，那可都是300年以上的古树。

旅游民俗

LÜYOU MINSU

岳阳楼与君山岛

岳阳楼

岳阳楼位于湖南省岳阳市古城西门城墙之上，下瞰洞庭，前望君山，自古有“洞庭天下水，岳阳天下楼”之美誉，与湖北武昌黄鹤楼、江西南昌滕王阁并称为“江南三大名楼”。

离岳阳楼不远的地方还有一个君山岛。君山岛风景优美，是洞庭湖上一个孤岛，岛上有72个大小山峰。传说4000多年前，舜的两个妃子娥皇和女英得知舜死在了苍梧山，一路哭着来奔丧。她们来到君山，泪水滴到了竹子上，使竹子成了斑竹。斑竹很好找，你一到这儿就可以看见。

会“长脚”的房子

俗话说“高楼万丈平地起”，然而有时也会有例外。散布于湘西的吊脚楼就是这样。

湘西一带山多水多，世代聚居在这块土地上的土家、侗、苗等民族人们的一切活动也就与这山山水水分不开。这儿的吊脚楼是屹立于山水之上的一种独特的建筑。这种楼房虽然只有二三层高，但它“吊”在水面和山腰，好像空中楼阁，而且每栋楼房都是“长脚”的。这些“脚”其实是几根支撑楼房的粗大木桩，木桩深深地插在江水里，与搭在河岸上的另一边墙基共同支撑起一栋栋楼房；在山腰上，吊脚楼的前两只“脚”则稳稳地顶在低处，与另一边的墙基共同把楼房支撑平稳。

百闻不如一见，快去亲眼看一看吧，你一定会大有收获！

凤凰古城

湖湘名人

HUXIANG MINGREN

岳麓书院内的船山祠

明末清初思想家

王夫之（1619—1692），字而农，号姜斋，衡阳人。王夫之是著名的思想家、哲学家，与先楚屈子、宋明理学鼻祖周子等同是湖湘文化的精神源头，与黑格尔并称东西方哲学双子星座，又被称为中国朴素唯物主义思想的集大成者、启蒙主义思想的先导者，与黄宗羲、顾炎武并称为明末清初的三大思想家。晚年居南岳衡山下的石船山，著书立说，故世人称其为“船山先生”。王夫之一生著述甚丰，如《周易外传》《尚书引义》等。晚清重臣曾国藩极为推崇王船山及其著作，曾于金陵大批刊刻《船山遗书》，使王夫之的著作得以广为流传。近代湖湘文化的代表人物魏源、谭嗣同、黄兴、宋教仁等皆深受船山思想之熏陶。王夫之一生主张经世致用的思想，其思想通过近代湖湘士人的实践而广播四方，影响至今。

谭嗣同塑像

维新志士

谭嗣同（1865—1898），湖南浏阳人，是中国近代著名的资产阶级政治家、思想家，维新志士。谭嗣同少时师从欧阳中鹄，后加入维新派。他主张中国要强盛，只有发展民族工商业，学习西方资产阶级的政治制度。他还公开提出废科举、兴学校、开矿藏、修铁路、办工厂、改官制等变法维新的主张。他写文章抨击清政府的卖国投降政策。1898年，谭嗣同参加并领导戊戌变法，失败后被杀，年仅33岁，与杨锐、刘光第、林旭、杨深秀和康广仁并称为“戊戌六君子”。

曾国藩故居

晚清名臣

曾国藩（1811—1872），出生于湖南湘乡白杨坪，初名子城，字伯涵，号涤生，宗圣曾子七十世孙。中国近代政治家、战略家、理学家、文学家，湘军的创立者和统帅。与胡林翼并称曾胡，与李鸿章、左宗棠、张之洞并称“晚清中兴四大名臣”。

凤凰古城里的文学大师

对中国文学有所了解的人，都知道沈从文，也都知道《边城》。沈从文（1902—1988），原名沈岳焕，湖南凤凰人。沈从文是作家、历史文物研究家。十几岁时，他投身行伍，浪迹湘川黔边境地区。1923年，他开始文学创作，先后撰写出版了《长河》《边城》等小说，1930—1933年在青岛大学任教。抗日战争爆发后，他到西南联大任教，1946年回到北京大学任教，建国后在中国历史博物馆和中国社会科学院历史研究所工作，主要从事历史文物等的研究，1988年病逝于北京。

沈从文

人民艺术家

齐白石（1864—1957），生于湖南湘潭，书画家、篆刻家。他早年曾为木工；后习绘画、诗文、书法、篆刻，以卖画、刻印为生；60岁后画风遽变，重视创造，融合了传统写意画与民间绘画的技法，形成独特艺术风格。他擅长画花鸟鱼虾，亦画人物山水，主张好画“妙在似与不似之间”。

最美中国——最美乡村、古镇

相比城市的拥堵、喧嚣与嘈杂，那些点缀在祖国大地上的无数大大小小的乡村和古镇，以其特有的宁静、优美的自然风光和浓郁的人文风情，越来越受到人们的青睐。它们默默地守护着千百年来固有的生活方式，一如历史的背影，吸引着人们踏着古石板，或划一叶扁舟去体验古老的遗韵，感悟历史的厚重，抑或缅怀如斯逝者。

1 古朴典雅的徽派古村落

分布在安徽和江西一带的徽派古村落历史悠久，具有鲜明的地域特征和徽派建筑特色。其主要代表村落有安徽黟县西递镇和江西东北部婺源古村落群等。这些古村落中的民居为典型的徽派风格，自然古朴，大方典雅，蕴含超凡脱俗的文化意蕴，呈现出一幅幅田园牧歌式的氛围和景色，吸引了无数人争相游览。

2 精致温婉的江南水乡古村落

最能代表江南水乡古村落的当属江苏的周庄和浙江的乌镇。风格朴素恬淡的水乡古镇以小桥流水、粉墙青瓦的民宅特色和淳朴敦厚的民俗风情闻名中外。这里河网密布，人们以河为街，临水而住，独具江南韵味。

3 朴实无华的西北古村落

西北古村落以陕西榆林古镇和韩城党家村为代表。这些西北古村落虽不像江南水乡那样依山傍水，但那些典型的四合院，古老的石砌巷道，千姿百态的高大门楼，无不蕴藏着浓厚的文化气息和悠久的历史传统，显示着西北人民的朴实无华。

4 维多利亚海湾

位于香港岛和九龙半岛之间的维多利亚海湾水面宽阔，景色迷人，其璀璨多姿的夜景尤为闻名。每当华灯初上时，海湾两岸的摩天大楼霓虹闪烁，以缤纷艳丽的色彩，在天际和水面之间展示出瑰丽壮观的身姿。

5 台湾野柳

野柳风景区位于台湾省基隆市西北方，是一个突出海面的岬角。海蚀风化及地壳运动等作用，造就了海蚀洞沟、蜂窝石、烛状石、豆腐石、蕈状岩、壶穴、溶蚀盘等独具特色的奇特景观。

6 大鹏半岛海滩

大鹏半岛海滩位于深圳市龙岗区东部，东临大亚湾，与惠州接壤；西抱大鹏湾，遥望香港新界，海岸线长130多千米。大鹏半岛沿岸分布着大大小小十几个沙滩，如金沙湾、西涌、东涌、桔钓沙等，这些沙滩沙质松软，属中细沙。湾内水较深，这使得大鹏半岛的沙滩除能承担传统的功能外，还成为冲浪、帆板等水上运动的乐土。

7 崇武海岸

崇武海岸位于福建省泉州市惠安县东南24千米的崇武半岛。崇武非常美丽，在它的海岸线上，分布着12个妩媚动人的金沙海滩。海滩上岩石礁屿形态各异，在傍晚的落日余晖中，意境尤为深远。

27

第二十七章

革命摇篮

——江西省

【简称】赣

【别称】赣鄱大地、江右

【省会】南昌市

【面积】约17万平方千米

【行政区划】现辖11个地级市、19个市辖区、11个县级市、70个县

【地形】东、西、南三面环山，北部为平原，全省成一个整体向鄱阳湖倾斜而往北开口的巨大盆地

【气候】中亚热带湿润季风气候

【民族】汉、畲、回、壮等族

【风景名胜】庐山风景名胜区、井冈山风景名胜区、三清山风景名胜区等

江西，古有“吴头楚尾，粤户闽庭”之称，为典型的江南鱼米之乡。江西风景名胜众多，文化遗产丰富。这里山清水秀，自古以来就是一个人才荟萃的地方。唐代诗人王勃在《滕王阁序》中就称江西“物华天宝，人杰地灵”。让我们一起去领略一下“秋水共长天一色”的江西吧！

地形特征

DIXING TEZHENG

江西省版图轮廓略呈长方形。东西省界明显长于南北，而北之宽又数倍于南，恰如一头昂首直立的海豹。全省除北部较为平坦外，东、西、南部三面环山，中部丘陵起伏，成为一个整体向鄱阳湖倾斜而朝北开口的巨大盆地。

五老夫子“没正形”

雄、奇、险、秀的庐山有90多座山峰，最有趣的要数五老峰。五老峰由5座山峰组成，像5个瘦骨嶙峋的老人并肩而坐。可是这5个老人偏偏坐没坐相，从不同的角度观察，它们给人以不同的想象：有的像盘着腿、捋着胡须在吟诗，有的像渔翁在垂钓，有的像一位仙风道骨的僧人在打坐，还有的像武士在高歌。这样的山是不是很奇特呢？如果想领略一番，建议你去海会镇海会寺，在那儿观看五老峰最为真切。唐代诗人李白曾写下“庐山东南五老峰，青天削出金芙蓉”的诗句来赞美它。

三清山

三清山

三清山又叫“少华山”，位于江西省东北部的怀玉山脉中段，最高峰海拔1817米。三清山兼具泰山之雄伟、黄山之奇秀、华山之险峻、衡山之烟云、青城山之清幽，被誉为“世界精品、人类瑰宝、精神玉境”。

在三清山南清园北部，有一柱高峰拔地而起，形状突兀，就像一条巨大的蟒蛇破山而出，直欲腾空而去。这条巨蟒其实是一个巨大的花岗岩石柱，名叫“巨蟒出山”，是三清山的标志性景观。如果你去了三清山，千万不要错过它。

气候和资源

QIHOU HE ZIYUAN

水松林

江西地处北回归线附近，春季回暖较早，乍冷乍热，雨量偏多；一般来说盛夏至中秋前晴热干燥；冬季阴冷但无霜期长。全省气候温和，雨量充沛，为亚热带湿润季风气候。

在江西富饶的红土地下埋藏着许多矿产资源，稀土、钨、铜、钽铌、铀钍被誉为“五朵金花”。江西的动植物种类很多，植物如水松、金钱松、柳杉、江西杜鹃、柳叶蜡梅、井冈山猕猴桃、厚壁毛竹等，动物有大鲵、白鹤、黄腹角雉、扬子鳄、华南虎、梅花鹿等，其中有不少珍稀品种。江西山美水好，许多中小河流从东、南、西三个方向汇入中国最大的淡水湖——鄱阳湖，烟波浩渺，一望无际。

烟波浩渺的鄱阳湖

有这样一个湖：夏秋丰水期，它犹如大海一般壮阔，秋末冬初，成千上万只候鸟来这儿过冬，这里变成白鹤的天堂，天鹅的故乡；到了枯水期，芳草萋萋，草深过膝，它就是鄱阳湖。鄱阳湖是我国第二大湖，最大的淡水湖，也是世界上最大的候鸟栖身地。诗人余亚飞赞其：“连江系海胸怀广，滋养生灵岁复年。”

鄱阳湖

千年之叹

QIANNIAN ZHI TAN

滕王阁

滕王阁

滕王阁历史悠久，始建于653年，坐落于赣江与抚河故道交汇处，依城临江，十分气派。这里曾是历代封建士大夫们迎送和宴请宾客的地方。相传唐高宗年间，王勃在此写出了名传千古的《滕王阁序》，文章才气逼人，艳惊四座。因为这篇美文，滕王阁闻名天下。

历史上的滕王阁，屡毁屡建。今天的滕王阁主阁落成于1989年，是按照梁思成绘制的《重建滕王阁计划草图》重建的，共9层，濒邻赣江，面对西山，视野开阔。它的主体建筑为宋式仿木结构，突出背城临江、雄伟奇特的气势。

白鹿洞书院

白鹿洞书院是“宋代四大书院”之一，位于庐山五老峰南麓后屏山下。白鹿洞书院说是“白鹿洞”，其实并没有洞，只是因为四周青山怀抱，看起来像是一个洞而已。不过白鹿洞书院有“白鹿”，却是不假。这头“白鹿”住在白鹿洞书院龙泉池一个石室里，口朝向洞外是一只泥塑的白鹿。每当春末夏初，天气炎热，水汽上升，薄薄的烟雾冉冉升起，像是仙境。这样一个特别的“洞”，你想不想去探险一番呢？

白鹿洞书院

乘着光影去旅行

CHENGZHE GUANGYING QU LüXING

八大山人雕像

皇室子弟好隐居

八大山人纪念馆位于南昌市南郊，原本是一座道观。清顺治十八年（1661年），明太祖朱元璋第十世孙、著名画家、书法家朱耷（号“八大山人”）来这里隐居，改道观名为“青云圃”。明朝灭亡后，八大山人装疯作哑，不和人来往，也不和人说话。他一生从不给清朝权贵作画，而农民贫士却很容易得到他的作品。如今纪念馆里系统地陈列着八大山人书画作品及生平史料，并经常展示当今画坛高手的佳作。

千年“瓷都”

景德镇位于江西省东北部，是一座秀丽的古城，是中国著名的“瓷都”，至今已有1700多年的历史。可是你知道吗？看似简单的陶瓷制造业还有极为细致的分工呢，景德镇仅制坯业就有淘泥、拉坯、印坯、镟坯、画坯、舂灰、合釉、上釉等分工，各道工序环环相扣，全部是手工制作。各个分工层面也都有身怀绝技的能工巧匠，他们的技艺十分神秘，一般“传内不传外”“传子不传女”。不仅如此，还有严格的行业帮规，谁要是违反了，还要受到“吃泡茶”“剁草鞋”“打派头”或“踩窑”等惩罚。

景德镇窑厂

景德镇御窑厂，位于原御窑厂遗址内。御窑厂是元、明、清时期专为宫廷生产御用瓷器的所在地，是中国历史上烧造时间最长、规模最大、工艺最为精湛的官办瓷厂。

风景这边独好

FENGJING ZHEBIAN DU HAO

井冈山

红色圣地——井冈山

井冈山雄峙于罗霄山脉中段，最高峰海拔1597.6米，是集人文景观、自然风光和高山田园为一体的山岳型风景旅游区。

井冈山山高林密，沟壑纵横，层峦叠嶂，地势险峻。山的中部是崇山峻岭，两侧是低山丘陵。从山下往上望，巍巍井冈山就如同一座巨大的城堡，五大哨口是进入“城堡”必经的“城关”，有“一夫当关，万夫莫开”之势。

1927年10月，毛泽东主席率领秋收起义部队到达井冈山，开创了中国第一个农村革命根据地。今天，这里还保留着大量的革命人文景观和纪念性的景物，它们与现代建筑交相辉映。这里还可以春赏杜鹃、夏观云海、秋眺秀色、冬看雪景，一年四季游客不断。

最美的乡村

江西省是油菜花大省，江西最美丽的油菜花海在婺源。走进婺源，走进这个诗意的地方，金黄的油菜花，胜过世上一切的图画，怪不得婺源被誉为“中国最美的乡村”。婺源最美的季节是油菜花开放的季节。油菜花花朵中含有丰富的花蜜，常引来彩蝶与蜜蜂飞舞在花间。三月中下旬，粉红的桃花、洁白的梨花点缀在漫山遍野的金黄色的油菜花中，掩映着白墙灰瓦的“徽派”建筑，使得每一个游人都陶醉在这美景中。

婺源

梅岭风光

小庐山——梅岭

梅岭瀑布

梅岭风景区又称梅岭国家森林公园，距南昌市仅150千米。因西汉梅福于此修道而得名，又有“小庐山”之雅称。梅岭自古就以其奇山、奇石、奇涧、奇水、奇树、奇雾等美丽的自然景观和独特的气候吸引众多的文人墨客、得道高人前来题诗留墨或筑寺建观。目前尚可寻到岳飞、王安石、欧阳修等100多位古代名人的旧踪，同时也有毛泽东、朱德、方志敏、叶挺等当代名人的遗迹。游人不论是在梅岭之巅、洗药湖畔，还是在避暑山庄，均可朝观东方云海日出，暮瞰洪城万家灯火，春赏十里火红，揽万山玉树银花。梅岭真是风景幽美，避暑游览的仙境。

天然动植物园——武功山

武功山是集人文景观和自然景观为一体的山岳型风景名胜区，资源类型与特色被专家概括为“山景雄秀、瀑布独特、草甸奇观、生态优良、天象称奇、人文荟萃”。其中金顶和发云界的10万亩高山草甸，是武功山的精华所在。武功山动植物繁多，有动物200多种，植物2000多种，被中科院专家誉为“天然动植物园”。

名人掠影

MINGREN LÜEYING

醉翁欧阳修

欧阳修

欧阳修（1007—1072），吉州永丰（今江西省吉安市永丰县）人，字永叔，号醉翁、六一居士。他以“庐陵欧阳修”自居，谥文忠，世称欧阳文忠公。他是北宋政治家、文学家，在政治上负有盛名。后人又将其与韩愈、柳宗元和苏轼合称“千古文章四大家”，与韩愈、柳宗元、苏轼、苏洵、苏辙、王安石、曾巩合称“唐宋散文八大家”。

戏剧大师汤显祖

汤显祖故居

汤显祖（1550—1616），江西临川人，字义仍，号海若、若士、清远道人，中国明代戏曲家、文学家。他出身书香门第，早有才名，不仅精通古文诗词，而且通晓天文地理、医药卜筮诸书；著有《紫箫记》（后改为《紫钗记》）《牡丹亭》（又名还魂记）《南柯记》《邯郸记》，这四部戏都以“爱情”为主题，都与“梦”有关，合称为“临川四梦”；还有诗文《玉茗堂四梦》《玉茗堂文集》《玉茗堂尺牍》《红泉逸草》《问棘邮草》，小说《续虞初新志》等。

名人趣话

虚心求教

欧阳修被贬到滁州任太守后，时常游山玩水，并与琅琊寺的智仙和尚结为好友。智仙和尚带人在山腰盖了座亭子以便于游览，欧阳修给亭子取名为“醉翁亭”，并写下了千古传诵的散文名篇《醉翁亭记》。文章写成后，欧阳修张贴于城门，开始大家只是赞扬，后来，有位樵夫说开头太啰嗦，便叫欧阳修到琅琊山南门上去看山。欧阳修一看，恍然大悟，于是提笔将开头“环滁四面皆山，东有乌龙山，西有大丰山，南有花山，北有白米山，其西南诸山，林壑尤美”一串文字删改成“环滁皆山也”，如此一改，语简义深。

28

第二十八章

人间天堂
——浙江省

【简称】浙

【省会】杭州市

【面积】陆地面积约10.18万平方千米

【行政区划】现辖11个地级市、34个市辖区、21个县级市、34个县、1个自治县

【地形】地形复杂，地势由西南向东北倾斜

【气候】亚热带湿润季风性气候

【民族】汉、畲、土家等族

【风景名胜】杭州西湖风景名胜区、雁荡山风景名胜区、天姥山风景名胜区等

浙江地处我国东南沿海、长江三角洲南翼，经济与文化比较发达，也是我国重要的旅游省份。这里山清水秀，文化资源丰富，名胜古迹也非常多。要是你来了这里，杭州丝绸、织锦、龙井茶等会给你不一样的惊喜。

地形特征

DIXING TEZHENG

浙江地形复杂，大部分是山地和丘陵，其次是平原和盆地，河流、湖泊相对较少，有“七山一水两分田”的说法。因为多山地和丘陵，浙江地势自然不那么平坦，总体由西南向东北倾斜，大致可以分为浙北平原、浙西丘陵、浙东丘陵、中部金衢盆地、浙南山地、东南沿海平原及滨海岛屿等。

浙江省自北向南有苕溪、京杭运河（浙 江 段）、钱塘江、甬江、灵江、瓯江、飞云江、鳌江等水系；有杭州西湖、绍兴东湖、嘉兴南湖、宁波东钱湖四大名湖及人工湖泊——千岛湖。

雁荡山

雁荡山位于浙江省温州市境内，主要有灵峰、灵岩、大龙湫、三折瀑、雁湖、显胜门、羊角洞、仙桥8个景区，有500多处景点，被誉为“海上名山，寰中绝胜”，史称“东南第一山”。因山顶有湖，芦苇茂密，结草为荡，南归秋雁多宿于此，因此得名雁荡山。

雁荡山

你知道吗

雁荡山上有个观音洞。相传在1000年前，观音洞根本没有现在这么开阔，里面有很多岩石，还长着刺藤，住着狐狸、蜈蚣和狼。一天，一个老和尚来到洞里念经。狐狸、蜈蚣和狼想尽办法要害死老和尚，可是老和尚一心念经，最后感化了狐狸、蜈蚣和狼，它们自动将洞里的岩石搬走，将刺藤咬断。虽然这只是一个传说，但是每天来这里烧香祈福的人络依然绎不绝。

气候和资源

QIHOU HE ZIYUAN

浙江属亚热带季风性气候，四季分明，光照充足，雨量充沛。同时，气象灾害也比较多，如台风、暴雨、冰雹等。

千岛湖

虽说浙江是“七山一水两分田”，但比重并不大的水却像一个调皮的精灵，穿行在美丽的浙江大地，给你“水之灵秀”的观感。如果你想听潮声，请到浙江来，钱塘江、甬江、椒江等独流入海；峡谷、急流、九曲十八弯，带你进入迷人之境。

浙江的矿产资源以非金属矿产为主，明矾石、叶蜡石、凝灰岩储量居全国首位。这里的海洋能源资源也很丰富，舟山渔场是中国最大的渔场，盛产黄鱼、带鱼、乌贼等。浙江还是中国的“东南植物宝库”，不仅植物种类多、森林面积大，还是世界上保存古遗留植物最多的地区，银杏、百山祖冷杉等“活化石”树种就分布在这里。

西溪湿地

西溪国家湿地公园位于杭州市区西部，距西湖仅5千米，是罕见的城中次生湿地，被誉为“杭州之肺”。

西溪的水特别有灵气，6条河流纵横交汇，众多的港汊和鱼塘分布其间。每当薄雾升腾，那景色真是“一曲溪流一曲烟”。

杭州西溪湿地

浙江古韵

ZHEJIANG GUYUN

盛行“走桥”之地

乌镇

乌镇位于浙江省桐乡市北端，是一个美丽的江南古镇。这里的街道非常有意思，分成东、西、南、北4条老街，交叉成一个“十”字，并且古街与河流并行。更有趣的是乌镇的桥——这里的桥多得令你眼花缭乱，几乎每走100步就有1座桥。据说乌镇历史上桥梁最多时有120多座，就是现在也还有30多座呢！要是元宵节去乌镇，你会发现人们半夜三更去“走桥”，且至少要走10座桥，路线不可重复。这就是当地“走十桥”或“去百病”的习俗。

灵隐寺

仙灵隐居之地

灵隐寺位于杭州西湖西北面。相传最初是印度僧人慧理来到杭州，认为这里是“仙灵所隐”之地，于是建了一座寺庙，取名“灵隐”。到了清朝，康熙皇帝到灵隐寺游玩，寺里老和尚请他为寺院题块匾额。康熙大笔一挥，很快写了个大大的“雨”字。可“灵隐寺”的“灵”字按当时写法是“雨”字下面还有三个“口”和一个“巫”，这么多笔画怎么也摆不下了，怎么办呢？这时，一个机灵的随从暗示康熙给寺庙改个名，康熙于是写下了“云林禅寺”四个大字。这块匾直到现在悬挂了三百多年，可是老百姓并不买他的账，仍叫它“灵隐寺”。

沈园雕塑

凄婉爱情见证之地

沈园原本是南宋一沈姓富商的私家花园，并不是名人故居，但名声不小，这是因为这里蕴藏着陆游与唐琬凄美动人的爱情故事。相传南宋爱国诗人陆游初娶唐琬，伉俪情深，但却引起了陆母的不满。她认为陆游沉溺于温柔乡，不思进取，误了前程，而且两人婚后三年始终未能生养。于是陆母逼迫孝顺的儿子休妻。在封建礼教的压制下，陆游和唐琬被迫离婚。10年后，1151年，两人邂逅于沈园。陆游感慨怅然，题《钗头凤》于壁间，极言“离索”之痛。唐琬见而和之，情意凄绝，不久抑郁而逝。陆游为此哀痛不已，后又多次赋诗咏沈园，有“伤心桥下春波绿，曾是惊鸿照影来”之名句，沈园由此极负盛名。所以，你要是到沈园，除欣赏古典园林之外，不妨感受一下人世间的美好爱情，一定别有情致。

因书法扬名之地

兰亭在绍兴的西南部，离城区约13千米。这个古朴典雅的园子虽然不大，却为中外游人所瞩目。相传春秋时越王勾践种兰于此，汉时又设有驿亭，兰亭由此得名。东晋永和九年（353年），大书法家王羲之邀请了42位文人雅士在兰亭举行了曲水流觞的盛会，并写下了被誉为“天下第一行书”的《兰亭集序》。王羲之被尊为书圣，兰亭也因此成为书法圣地。如果你来到这里，也可以兴致勃勃地用塑料杯子盛上水，放在曲水里“流觞”，体味一下当年曲水邀欢的情趣。

绍兴兰亭

旅游画廊

LÜYOU HUALANG

西湖白堤樱花

西湖美景

说起杭州，一个美丽的湖会立马跳出来大喊：“别找啦，我在这儿！”这个大声呐喊、自信满满的“家伙”就是西湖。的确，西湖与杭州的关系，就像红花与绿叶，浑然天成，相得益彰。

西湖位于杭州市西部。杭州人悉心保护着西湖，努力使杭州营建在自然山水中，让城市建筑和大自然的山水融为一体。西湖也将它的美毫无保留地回馈给杭州以及杭州的人们。夏天的西湖尤其美丽，那荷花真是美得令人陶醉，美得生机勃勃：碧绿的荷叶挨挨挤挤，密不透风；亭亭玉立的荷花，粉的娇艳欲滴，白的清新脱俗。这真是“接天莲叶无穷碧，映日荷花别样红”啊！

西施殿

诸暨是浙江中北部杭州湾旁一座地方色彩浓郁的“水城”。这里河道纵横，水中有城，城中有水，风景十分秀丽。“中国古代四大美女”之一的西施，就出生在这里。纪念西施的西施殿就位于诸暨市区南侧的浣纱江畔。

西施殿

西施殿是一座民间建筑艺术博物馆，综合吸取了传统宫殿和民间宗祠的建造手法，建筑形式多样，布局错落有致，就像一座温婉、柔和的江南园林。大殿结构层次丰富，气势巍峨。殿内塑有“荷花仙子”西施像。美女西施神态娴雅，端坐在浣纱石上，她在沉思什么呢?

你知道吗

天台山在中国不止一处，汉字简化是导致现在全中国有那么多让人眼花缭乱的“天台山”的原因所在。历史上的天台山就是特指浙江天台山，“台”字读“tāi”，其他的天台山的“台”字都是其繁体字，读“tái”。因此正宗的天台山就是指浙江天台山。其他的包括山东省日照市天台山，四川省邛崃市天台山，河南省信阳市天台山和贵州省平坝县天台山均属“假冒伪劣”。

千岛湖

千岛湖位于浙江省淳安县境内（部分位于安徽省歙县），是为建造新安江水电站而筑坝蓄水形成的人工湖。千岛湖风景区总面积982平方千米，因其湖内拥有1078座岛屿而得名。千岛湖风景区因其山青、水秀、洞奇、石怪而被誉为“千岛碧水画中游”。

泰顺廊桥

泰顺廊桥

“廊桥”顾名思义，就是有檐的桥。泰顺境内保存完好的唐、宋、明、清代的木拱廊桥达30余座，其数量之多、工艺之巧、造型之美以及与周边环境之和谐，在世界桥梁史上堪称一绝，是《清明上河图》中虹桥的再现。座座廊桥如瑰宝般镶嵌在群山之间，引起了国内外专家的关注，同时也迎来了泰顺廊桥特色旅游的热潮，你不妨去实地感受一下。

千岛湖风光

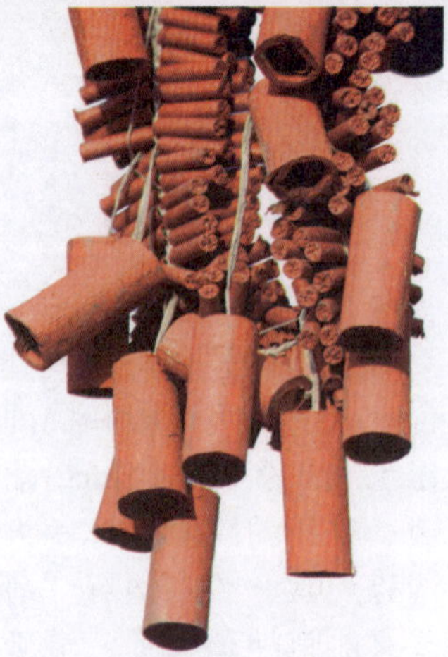

浙江风俗

ZHEJIANG FENGSU

金华火腿

火腿是浙江金华特色风味食品。金华火腿皮色黄亮、外形像琵琶，咬一口，外焦里嫩，鲜美可口。

相传北宋时期，北宋名将宗泽凯旋时，乡亲们送来猪腿让宗泽带回开封慰劳将士们。因为路途遥远，乡亲们把猪腿撒上盐腌制，这样方便储存和携带。因为腌制而成的猪腿颜色红似火，所以称为“火腿”。

贺岁拜年

浙江的贺岁拜年非常具有南方特色。我们现在称正月初一为“春节”，从前称为“年”，是一年当中最隆重的节日。过年前一日，即大年三十叫“除夕”，除夕晚上叫“大年夜”，家家户户齐聚一堂，围着一张大桌子吃“年夜饭”。这天晚上，新媳妇要穿上漂亮的衣服向长辈献鞋，名叫“辞岁”，长辈也要给新媳妇和小孩“压岁钱”。大年夜是非常忙碌的，人们除了吃饭、辞岁、给压岁钱，还要举行拜利事、接灶神等活动。

绍兴黄酒

绍兴黄酒又称绍兴老酒，是汉族酿酒史上历史最悠久的酒种，其中“花雕酒”又名“女儿红”。说起这个名字，还有一个故事呢。

从前，绍兴有个裁缝一直想要生个儿子。他的妻子怀孕了，他兴冲冲地酿了几坛酒，准备得子时款待亲朋好友。不料，他妻子生了个女儿。裁缝气恼万分，就将几坛酒埋在后院桂花树底下了。光阴似箭，女儿长大成人，居然把裁缝的手艺都学得非常精通。裁缝一看，生个女儿还不错嘛！于是裁缝把她嫁给自己最得意的徒弟。成亲之日摆酒请客，裁缝忽然想起了埋在桂花树底下的几坛酒，便挖出来请客。一打开酒坛，香气扑鼻，极为好喝。于是大家就把这种酒叫作“女儿红”。

此后，远远近近的人家生了女儿，就酿酒埋藏，嫁女时就掘酒请客，形成了风俗。再后来，连生男孩子都酿酒，盼儿子中状元时庆贺饮用，所以，这酒又叫“状元红”。

最美中国——最美沙漠

作为一种特殊的地理景观，沙漠以其苍凉、豪迈的气势在中国自然景观中独占一席之地。中国西北大地上，分布着不少沙漠。绿洲与黄沙相伴，飞鸟伴驼铃起舞，无垠的大漠风光，独特的塞外风情，如血的残阳，浩瀚的沙海，引人神往的不仅是强烈的视觉冲击，还有深深的心灵震撼。

1 鸣沙山、月牙泉

鸣沙山和月牙泉是大漠戈壁中一对孪生姐妹，“山以灵而故鸣，水以神而益秀”。无论从山顶鸟瞰，还是在泉边畅游，都令人向往，确有“鸣沙山怡性，月牙泉洗心”之感。这两个景点形成了一个沙泉共存的独特景观。

鸣沙山在刮风时会发出声响，所以叫鸣沙山；月牙泉像一弯新月，镶嵌在鸣沙山下，因此取名月牙泉。这里有一个奇特的现象，因为地势的关系，刮风时沙子不往山下走，而是从山下往山上流动，所以月牙泉虽常常受到狂风凶沙的袭击，却依然碧波荡漾，水声潺潺，永远不会被沙子埋没，堪称沙漠奇观。

2 沙坡头

沙坡头位于宁夏中卫市城区以西20千米腾格里沙漠东南边缘处。浩瀚无垠的腾格里沙漠，以不可遏制的气势滚滚而来，到了宁夏中卫一带却戛然而止，伏首在黄河岸边，形成一个大沙坡，得名“沙坡头”。这里集大漠、黄河、高山、绿洲为一处，既具西北风光之雄奇，又兼江南景色之秀美。自然景观独特，人文景观丰厚，著名的“金沙鸣钟”堪称是世界奇观。沙子从高约百米的坡顶往下滑，由于沙坡头特殊的地理环境和地质结构，滑沙时座下会发出一种奇特的响声，沉闷浑厚，被称为“金沙鸣钟”。

3 塔克拉玛干沙漠

塔克拉玛干沙漠位于新疆南疆的塔里木盆地中部，是中国最大的沙漠，也是世界第十大沙漠，同时亦是世界第二大的流动性沙漠。这里，塔形的沙丘呈蜂窝状、羽毛状、鱼鳞状，变幻莫测；绵延的沙丘在狂风的席卷下，形成壮观的沙墙，高度可达300米，极其震撼。受风的影响，这里的沙丘时常移动。

4 巴丹吉林沙漠

巴丹吉林沙漠，位于内蒙古自治区的西部，是中国八大沙漠之一，总面积4.7万平方千米。其中的巴彦淖尔、吉诃德沙山是世界上最高的沙丘。巴丹吉林沙漠年降水量不足40毫米，但是沙漠中的湖泊竟然多达100多个。高耸入云的沙山，神秘莫测的鸣沙，静谧的湖泊、湿地，构成了巴丹吉林沙漠独特的迷人景观，每年吸引上万名国内外游客前来观光。

5 古尔班通古特沙漠

古尔班通古特沙漠位于新疆准噶尔盆地中部、玛纳斯河以东及乌伦古河以南，是中国第二大沙漠，同时也是中国面积最大的固定、半固定沙漠。一望无际的沙海中不时狂风大作，飞沙走石、昏天黑地的惊险场景非常适合人们探险。沙漠腹地里景致多变，令人神往；有寸草不生的漫漫黄沙，也有红柳盛开的绿洲，还有千变万化的海市蜃楼。

29

第二十九章

东南侨乡
——福建省

【简称】闽

【别称】八闽

【省会】福州市

【面积】12.2万平方千米

【行政区划】现辖9个地级市、31个市辖区、11个县级市、42个县

【地形】西北高东南低，横断面略呈马鞍形

【气候】亚热带湿润季风气候

【民族】汉、畲、回、满、蒙古等族

【风景名胜】厦门鼓浪屿风景名胜区、武夷山风景名胜区等

“碧海银滩，金山银山。”在中国得此赞誉，福建省当之无愧！福建位于中国东南沿海，东北与浙江省毗邻，西北与江西省接界，西南与广东省相连，东隔台湾海峡与台湾相望。这里依山傍海，海岸曲折，岛屿众多，由海路可以到达南亚、西亚、东非，是历史上“海上丝绸之路”的起点，也是海上商贸集散地、全国最大的侨乡。既然来了，我们就一同好好游览一下“山海一体，闽台同根，民俗奇异，宗教多元”的福建吧！

地形特征

DIXING TEZHENG

福建多山，境内山岭耸立，低丘起伏，河谷和盆地交错其间。山地、丘陵面积大，分布广，占全省总面积的80%以上。福建临海，长长的海岸线像一道美丽的花边，装点着福建。这里有许多美丽的海滨港湾，还有众多海岛与之隔海相望。

奇秀甲东南的武夷山

在中国福建省西北部，有一座丹山碧水的名山——武夷山。那里的峰峦是会“隐身术”的，一会儿在云海的这一边探出头来，一会儿又藏到了云海的那一端，要是你仔细倾听，几乎能听到嘻嘻哈哈的打闹声。武夷山的美还不止如此，在那丹霞赤壁之上，不知是谁的巧手，鬼斧神工般凿出几百个大小不一、形态各异的洞穴。更奇的是，大洞套着小洞，好像满天星斗形成的一个个星座。

武夷山九曲溪

气候和资源

QIHOU HE ZIYUAN

猕猴

福建属亚热带海洋性季风气候，西北有高峻的武夷山脉作为屏障，削弱了冷空气的入侵；东濒海洋，暖湿的海洋气流不断向内陆输送，春夏雨多，夏秋有台风，有时甚至还会有冰雹降落。

如果说福建的气候“性格怪异”，那资源可就“表现很优秀”了。福建的不少资源总量在全国居首位，森林资源、海洋资源、水资源，以及非金属矿产都占有很重要的地位。银杏、金钱松、罗汉松等还是白垩纪时期遗留下来的古老植物。猕猴、大小灵猫、黄腹角雉、红嘴相思鸟等更是我国的珍稀保护动物。

渔山岛五虎礁

闽　江

闽江是中国福建省最大的河流，发源于福建、江西交界的建宁县均口镇。建溪、富屯溪、沙溪三大主要支流在南平市附近汇聚一处，汇合后称为闽江。闽江穿过沿海山脉至福州市南台岛分南北两支，至罗星塔复合为一，折向东北流出琅岐岛注入东海。闽江是一条奇秀清澈又雄浑宽阔的河流，自然景色和人文名胜交相辉映，旅游资源极其丰富。比如，在大海与闽江的交汇处，有5座巨大的礁石，这5座礁石面目峥嵘怪异，犹如5只猛虎正监视着浩瀚的大海。这就是朱熹曾赞誉过的“五虎礁”，人称“五虎守门”，它和长门古炮台一起，构成了闽江入海口的天险防卫。

半洋石帆

半洋石帆

位于福建平潭岛西北处海面的半洋石帆，是在我国目前发现的最大的花岗岩球状风化海蚀柱。两块巨石就像鼓起的风帆，而托起“船帆”的石岛好比船身。这艘“不沉之舟”与福建人顽强而勇敢地奔向大海的历史，构成了奇妙的呼应。

光影画廊

GUANGYING HUALANG

骑车去环岛路

福建鼓浪屿环岛路是厦门国际马拉松比赛的主赛道，被誉为“世界最美的马拉松赛道”，位于厦门岛东南部，全长31千米。其中，从厦门大学到前埔的一段海岸，长约9千米，称为“黄金海岸线”，是集旅游、观光和休闲娱乐于一体的海滨绿色长廊。

从演武路至白城段的环岛路，与岸同高，是一条呈“S”形的流线型路段。有趣的是，桥梁造型为鱼腹式，桥墩为椭圆形，这二者共同形成了美丽的观海长廊。人们可以从不同角度，不同层次，不同侧面观赏海岸、沙滩、海浪等景色。

会骑自行车的朋友，绕着环岛路前进，一边享受海风拂面的感觉，一边迎接台湾民俗村、椰风寨、草莓园的闪亮登场，真是一件乐事。

陈嘉庚先生铜像

厦门环岛路风光

别错过集美学村

集美学村位于著名的侨乡集美镇，由爱国华侨陈嘉庚先生于1913年创办，是一个享誉东南亚的美丽学村。集美学村规模宏大，设备齐全，有大学、中学、小学，还有幼儿园。学校建筑融中西风格于一体。集美吸引人的，还有当地小吃。著名的灌口卤鸭、灌口顶许狗肉、灌口猪蹄髈、黄则和花生汤、图里春卷等，非常美味。这样一个好玩又长见识的地方，哪能错过呢？

最美滩涂

霞浦县松港街道北岐村海边风光如画，影友如织。霞浦滩涂风光旖旎，2012年被《数码摄影》杂志列为“中国最值得拍摄的80个绝美之地”之一，并成为22大摄影胜地之一，被重点推荐。每年前来拍摄滩涂风光的国内外影友多达20多万人次。每当北岐紫菜生产的繁忙季节，滩涂上万根竹竿插成一块块方形的网框，由远及近，绵延数十里，蔚为壮观。清晨6点左右，一轮红日从海面上喷薄而出，瞬间，大海像镀上了一层金色霞衣。上百米的山道上，摄影师们屏住了呼吸，“咔嚓咔嚓”声响成一片。丝网上挂着一条条色带，红的、黑的、紫的，宛如一幅没有经过修饰的水墨画，被收入一个个镜头，被记录在一张张彩色胶片上。

霞浦滩涂

闽地民居

MINDI MINJU

闽北——青砖灰瓦

福建民居受福建所处的自然、地理、历史、文化、社会、经济等条件的影响，具有鲜明的地方特色和丰富的建筑文化内涵，呈现出多姿多彩的风貌。典型的闽北建筑受徽派建筑影响较深，青砖灰瓦，朴素大方。其质朴的造型，刚硬的材质，深沉的色调，让人不禁联想起同样深沉厚重的仁义礼智信这些中国传统文化。朴拙厚实的青砖，一旦雕上栩栩如生的花草鸟兽、神仙人物、戏曲故事，就有了灵气。精彩的砖雕，使青砖顿显华丽。

闽南——鲜艳的红砖大厝

闽南民居的风格也极其鲜明，令人过目不忘。红砖红瓦是闽南建筑给人的独特视觉特征。在亚热带的强烈阳光下，碧海边，龙眼树与荔枝林的绿荫间，一幢幢鲜艳的红砖大厝显得特别青春亮丽、优雅动人。

闽南民居

福建风味

FUJIAN FENGWEI

荔枝

荔城无处不荔枝

福建莆田，因为盛产荔枝，而被称为“荔城”，有“荔城无处不荔枝”的美誉。莆田的荔枝以品种多、果粒大、果色艳红、果肉乳白、汁多、清沁爽口、香气浓郁、质量优而名扬海内外。果实在七月中、下旬成熟，主要品种有陈紫、宋家香、状元红、乌叶、兰竹、下番枝等。

在荔城莆田市区的宋氏宗祠庭院中，还有一个奇景呢。这儿有一株世界罕见的高龄古荔枝树，它已经有1200多岁，树干周长7.1米，直径2.38米，树木内心木质已经朽空，里面可以同时站立5～6个人。1923年夏，这棵千年古树被台风吹折，后来又长出新枝，1951年重新开花结果，被称为“果中之王”。

像乌龙一样的茶叶

福建有一种名茶，叫“乌龙茶”。据说有一次园主人去看自己的茶叶晒好了没有，发现有一条乌龙盘踞在那里，吓得赶紧逃跑了。隔了几天，园主人再去看，茶叶已经发生氧化，不再是以前的绿茶了，可是味道却很好。园主人于是便给它起了个形象的名字“乌龙茶”。

不过乌龙茶的名字还真贴切。你要是泡上一杯这样的茶，看着卷曲的茶叶在水中缓缓舒展，准会觉得它们还挺像一条条乌龙呢。

茶园

八闽风情

BAMIN FENGQING

惠安女

看不到脸的惠安女

在福建惠安东部崇武镇和山霞、净峰、小岞三乡，有个特殊的族群，就是“惠安女”。她们淳朴善良、贤惠勤劳，除了在家里负责全部家务外，在农业生产劳动中也担负着很重要的角色。惠安女的服饰十分奇特，衣身、袖管、胸围紧束，衣长仅到肚脐，肚皮外露，显现出婀娜的身段。惠安女头上的装饰主要是花头巾和黄斗笠。她们平常喜欢用花头巾把脑袋包得严严实实的,只在晚上关灯后才摘掉。就因为这样奇特的习俗，有些夫妻白天在路上相遇，丈夫甚至都认不出自己的妻子呢！

独特的客家土楼

客家土楼也称“福建土楼”，是直接用土做墙建造起来的集体住宅。这些土楼形状多样，造型奇特，有圆形的、方形的、五角形的、八卦形的、交椅形的、簸箕形的等等，一座座像天外飞碟似的，散布在青山绿水之间。

这种土楼主要分布在闽西和闽南客家人居住的地方，是客家人传统的民居建筑，也是世界上独一无二、神话般的、大型夯土民居建筑。

客家土楼

30

第三十章

祖国宝岛
——台湾省

【简称】台
【别称】宝岛
【省会】台北市
【面积】3.6万平方千米
【地形】以山地、丘陵为主，全岛地势中间高、两侧低
【气候】北部属亚热带季风气候，南部属热带季风气候
【民族】居民主要以汉族为主，少数民族有高山族等
【风景名胜】台北“故宫博物院”、日月潭等

自古以来台湾就是我国的神圣领土。从三国时代开始，中国人民便逐渐开拓、经营台湾，到1885年正式建立行省。美丽富饶的台湾岛，自然资源丰富，有“祖国宝岛”之称。美丽的宝岛像依偎在大陆身旁的小家碧玉，将时尚与古朴完美地融合到一起。

澎湖仙人掌

地形特征

DIXING TEZHENG

台湾地形中间高四周低，山多平原少，山高水急，河川与山脉形成横谷，多峡谷。台湾有5种地形：台地、平原、高山、盆地及丘陵。其中高山和丘陵面积占了全岛总面积的2/3，东部和中部大部分地区是高山和丘陵。

澎湖列岛

澎湖列岛位于台湾海峡东南部，域内岛屿罗列，港湾交错，地势险要，自古以来就是兵家必争之地，也是大陆文化传入台湾的“跳板”，被誉为“东南锁钥”。

澎湖列岛风景十分优美，著名的有“风柜涛声”“鲸鱼洞”“玄武岩”等。这里还是一个著名的渔港，盛产鲳鱼、鲣鱼、石花菜、海人草等。你要是来了这里，会看到拥挤的海鲜摊上，主人守着一筐筐鲜鱼正热情叫卖；大片大片鱼干整齐地晾晒在平坦的沙滩上；还有岸边的渔家妇女正仔细地晒补渔网；至于海湾里泊岸的渔船，一艘靠着一艘，数不胜数……

澎湖玄武岩

气候和资源

QIHOU HE ZIYUAN

莲雾

台湾省北部属亚热带季风气候，南部属热带季风气候，年均气温比香港、澳门低多了。台湾虽然纬度不高，可是与香港、澳门相比，河网密布，河谷深邃，加上山地、丘陵众多，境内有高海拔山峰，冬天还有积雪，气温很低。

台湾是一个各方面都很“富有”的“宝岛”，它的地质构造复杂，矿藏极其丰富，硫黄、金、铜、天然气和煤是台湾主要的矿产资源。其生物资源种类繁多，森林面积占全岛1/2以上，被称为“绿色宝岛”。岛上有很多世界濒危物种，植物有台湾杉、铁杉，动物有台湾猕猴等。另有消暑佳果莲雾广为种植。台湾降水丰沛，但分布不均。春天有梅雨季，夏秋时午后常有雷阵雨，冬天的台湾北部也有丰沛的雨量。但台湾河川短小流急，许多降水很快流入海洋。且因气候有时不规律，梅雨季时有时无，因此干季末期处于东北季风背风坡的中南部地区时常面临着缺水的问题。

台湾的“天池”

在美丽的宝岛台湾中部的南投县，有一个天然湖泊日月潭，它被誉为台湾的“天池”，拥有“青山拥碧水，明潭抱绿珠”的美景。日月潭位于玉山和阿里山之间的断裂盆地。潭分两部分，北半部形状像日轮，南半部形状像月钩，所以叫“日月潭”。日月潭潭水碧蓝无垠，青山葱翠倒映，环山抱水，到台湾游玩的朋友，这里可不能错过！

日月潭

光辉岁月

GUANGHUI SUIYUE

台北孔庙

资深礼生回孔庙活动

台北孔庙创建于清光绪年间，采用山东曲阜本庙建筑，梁柱门窗都不刻字，门口也没有放置石狮，显得朴实又庄严。台北孔庙以大成殿为主，站在大成殿外，可以看到中间的屋顶上有一对圆筒，叫“藏经筒”。孔庙建有藏经筒，以表达对读书人爱书精神的敬佩。

台湾最古老的城堡

安平古堡，古时候称“热兰遮城”，是荷兰人侵占台湾时建造的。古堡建筑屋舍全部用红色砖瓦，你千万别小看这些斑驳古旧的城墙，据说当年荷兰人修建这座古堡时可是花费了很大心思的：建墙所用砖块全部从巴达维亚（今印度尼西亚首都雅加达）进口，以糯米汁、糖浆、砂与牡蛎壳粉调制成混凝土筑构而成，十分坚固。在开裂的砖墙上，还可以清晰地看到牡蛎壳呢！

安平古堡

宝岛风光

BAODAO FENGGUANG

阿里山海芋

阿里山

阿里山

阿里山是台湾的著名旅游风景区，位于台湾嘉义县东75千米。阿里山虽不算高，但以神木、樱花、云海、日出四大胜景而驰誉全球，故有“不到阿里山，不知台湾的美丽”之说。由于山区气候温和，盛夏时依然清爽宜人，加上林木葱翠，是全台湾最理想的避暑胜地。

嘉南平原

在台湾，不论搭乘什么交通工具，只要由北往南走，经过浊水溪之后，就是嘉南平原了。如果将台湾比作一条肥美的虱目鱼，那么嘉南平原就是虱目鱼身上那银白、肥厚的肚腹。

这个肥美的肚腹物产丰饶，大片大片的农田有当地人忙碌耕作的身影，那些汁多体大的菠萝，更是连成满目的橙黄，十分惹眼。

而且这里少雨、日照长，特殊的气候因素让它有了其他地区少见的甘蔗、盐田。尤其甘蔗是昔日台湾外销农产品的主力，因而嘉南平原功劳不小！

台北101

在台湾有一幢高得不可思议的摩天大楼——台北101，又叫“台北国际金融中心”。它包括地上101层、地下5层，是目前全世界第六高的大楼。大楼拥有世界最快速电梯，仅仅37秒就可从5楼直达89楼观景台，这样的“火箭”速度已被列入吉尼斯世界纪录。

大楼高达106层，每层布置各有千秋，你要是想一次性全部逛完，估计一天时间都不够呢！一到夜间，大楼就像被芭芭拉小魔仙施了魔法，变得光芒万丈。每天晚上，大楼都有一个主打色，比如星期一是红色、星期二是橙色等，每天落日时开始点灯，到晚上10点关闭。要是碰上特殊的节日，还会出现以节庆为主题的灯光字或有趣的图形呢！

台北101内景

姊妹潭

阿里山还有一个著名的景点，就是姊妹潭，是两个大小不同的相近湖泊。姊妹潭湖区有一座以桧木为基座的相思亭，而姊妹潭周围有长180米的环潭步道。潭名的由来，还有一段凄美的故事呢。相传有一对原住民姐妹同时爱上一名男子，但因彼此不愿伤害姐妹间的情谊不忍心横刀夺爱，于是她们只好带着莫名的抑郁和悲伤双双以死殉情，化为二潭。

姊妹潭

31

第三十一章

八桂之乡
——广西壮族自治区

【简称】桂

【别称】八桂

【省会】南宁市

【面积】约24万平方千米

【行政区划】现辖14个地级市、36个市辖区、7个县级市、55个县、12个自治县

【地形】四周多被山地、高原环绕，呈盆地状，地势自西北向东南倾斜

【气候】亚热带季风气候

【民族】居民有壮、汉、瑶、苗、侗等族，其中壮族约占全区总人口的1/3

【风景名胜】桂林漓江风景名胜区、桂平西山风景名胜区、花山风景名胜区等

素有“八桂之乡”之称的广西壮族自治区地处中国南疆，是中国唯一既沿海又沿边的少数民族自治区。这里地处亚热带，青山绿水，气候宜人，山峰奇特，原始森林茂密，江河溪流清澈，景色极为迷人。自治区内还聚居着许多少数民族，各民族独特的节日文化、衣食住行等组成了一幅幅古朴醇厚的风俗画。

地形特征

DIXING TEZHENG

广西壮族自治区位于云贵高原东南边缘、两广丘陵西部，南临北部湾，四周被越城岭、大容山、云开大山、六万大山等山岭环绕，形成一个有许多“缺口”的盆地地形。整个自治区地势大体为自西北向东南倾斜。

逢山必有洞

到广西，有一个地方是非去不可的，那就是桂林。

桂林市位于广西壮族自治区东北部，是一座具有丰厚文化底蕴的古城。这里的山平地拔起，千姿百态；这里的水蜿蜒曲折，明洁如镜。这里逢山必有洞，而最奇特的莫过于石山“脚洞”。脚洞是在石山山脚形成的洞穴，一般沿地下水面形成，所以脚洞洞顶都是很平坦的。又因为脚洞是地面水流入石山体内的通路，脚洞洞口一般比洞内高，这样也就把闷热的空气阻挡在外面了，所以洞内特别凉快，很多人夏天特地到这儿来避暑呢！

桂林山水

气候和资源

QIHOU HE ZIYUAN

广西壮族自治区地处北回归线两侧，为亚热带季风气候，冬温夏热，气温由北往南递增。自治区内降水丰富，多集中在5—9月。

你要是去了广西壮族自治区，一定会惊讶于那里清澈幽深、激流广布的水流之美。看吧，大大小小的河流好像是商量好了似的，齐头并进，自西北流向东南，远远望去就好像一根巨大的“树枝”在那儿摇曳、轻舞。

跨国大瀑布

德天瀑布

喜欢旅行的朋友都愿意去国外转转，可谁能想到，一条瀑布居然也要出国！德天瀑布就是这样一条与众不同的瀑布，它横跨中国、越南两个国家，是“亚洲第一大跨国瀑布”。它起源于广西壮族自治区百色市靖西县归春河，终年有水，一路奔腾流入越南，可终究还是眷恋故土，所以又绕回广西。经过崇左市大新县德天村时，江水从几十米高的山崖上“蹦”下来，撞在坚石上，水花四溅，水雾迷蒙，就像一条巨大的白练从天而降，好不威风！

历史的脚印

LISHI DE JIAOYIN

黄姚古镇

黄姚古镇

黄姚镇是有着近千年历史的古镇，发祥于宋朝年间，因为镇上的人大多姓黄、姚，所以叫“黄姚镇”。现在古镇完整地保存着8条青色石板街，房屋也大多保持着明清特色。走在黄姚古镇，欣赏古朴的风景自然不在话下。到了那里，热情的黄姚孩子一定会怂恿你晚上去放烟花和吃烧烤。怎么样，在古镇有个好朋友，很不错吧？当然，玩完了不要忘记把烟花弹筒收拾起来，把用完的纸巾之类的垃圾一并带走哟。

经略台真武阁

经略台真武阁位于容县城东绣江北岸的一座石台上，是一座不可思议的建筑，它的神奇之处体现在三个方面：

经略台真武阁

一是地基没有坚硬的石头，也没有牢固的钢筋水泥，而是建在沙堆上，历经千年而不倒；二是全部楼阁不用一颗钉子，却稳如泰山；三是二楼中连接三楼、一楼的四根大柱子承受千斤的重量，却能悬在空中而不落地。

这样神奇的楼阁，到底是什么人在什么时候建造出来的呢？至今没人说得清，也没人相信这是凡人能做到的，于是当地人便说这是“仙师”鲁班造出来的。

花山岩画

冲出江面的花山岩画

在广西有一座隐藏着千古之谜的石山。石山陡峭的崖壁上，刻满了充满神秘色彩的古画，那就是宁明花山岩画。这些岩画色彩艳丽、画面宽大、图像繁多、画技精湛，且大多冲出江面，足足高出水面20～40米。专家考证说这些岩画距今已有2000多年的历史了。那么，经历了这么多年风雨的岩画颜色依然非常鲜艳，古人是用什么颜料作画的呢？在刀削一般险峻的崖壁上，这些图像又是怎么画上去的呢？聪明的你，能找到答案吗？

千古灵渠

灵渠，古称秦凿渠、零渠、兴安运河等，是古代劳动人民创造的一项伟大工程。灵渠位于广西壮族自治区兴安县境内，于公元前214年凿成通航。灵渠是世界上最古老的运河之一，它连接湘江和漓江，沟通了长江水系和珠江水系，使得岭南被开发成了富饶之地。灵渠主体工程由铧嘴、大天平、小天平、南渠、北渠、泄水天平、水涵、陡门、堰坝、秦堤等部分组成，尽管兴建时间先后不同，但它们互相关联，成为灵渠不可缺少的组成部分。灵渠有着“世界古代水利建筑明珠”的美誉，经历代修整，至今仍发挥着重要作用。

灵渠

旅游画廊

LÜYOU HUALANG

桂林程阳风雨桥

程阳风雨桥

程阳风雨桥，又叫永济桥、盘龙桥，是典型的侗族建筑。这座横跨林溪河的木石结构大桥，建于1912年，桥的两旁镶着栏杆，好似一条长廊；桥中有5个塔形亭子，飞檐高翘，犹如羽翼舒展；桥的壁柱、瓦檐，雕花刻画，富丽堂皇。整座桥雄伟壮观，气象浑厚，仿佛一道灿烂的彩虹。

龙脊梯田

龙脊梯田，在桂林市龙胜各族自治县和平乡平安村龙脊山，距县城22千米，距桂林市80千米，有“梯田世界之最”的美誉。梯田坡度大多在26度至35度之间，最大坡度达50度，分布在海拔300～1100米的山地间。层层梯田从山脚盘绕到山顶，小山如螺，大山似塔，层层叠叠，高低错落。从高处望去，梯田的优美曲线一条条、一根根，或平行或交叉，蜿蜒如春螺，披览似云塔，显示了动人心魄的曲线美。其规模磅礴壮观，气势恢宏。你要是能亲自去看看，一定会赞叹不已。

龙脊梯田

北海银滩

广西以“北有桂林山水，南有北海银滩”而自豪。北海银滩度假区内的海域中，海水纯净，陆岸植被丰富，环境优雅宁静，空气格外清新。其可容纳国际上大规模的沙滩运动娱乐项目和海上运动娱乐项目，是中国南方最理想的滨海浴场和海上运动场所。沙滩由高品质的石英砂堆积而成，在阳光的照射下，洁白、细腻的沙滩会泛出银光，故称银滩。北海银滩以其“滩长平、沙细白、水温净、浪柔软、无鲨鱼”等特点，而被称为“中国第一滩”。

北海银滩

南国风情

NANGUO FENGQING

三月三歌圩节

说起广西，人们首先想到的可能是会唱山歌的刘三姐，刘三姐被广西民间视为“歌仙”，可如今要说起当代的“刘三姐”，还真不知道说的是哪一个呢。因为“歌圩”让这里的大姑娘、帅小伙都成了歌神。

壮族少女

每年农历三月初三，壮族家家户户做五色糯米饭、染彩色蛋，欢度他们的传统节日——三月三歌圩节。歌圩节一般每次持续两三天，地点在离村不远的空地上，用竹子和布匹搭成歌棚，接待外村歌手。

巧手织出新世界

聪明勤劳的中国人很早以前就发明了织布，后来人们看到自然界五彩斑斓的美丽景色后突发奇想，把织布用的线染成各种自然界常见的颜色，然后织出了五颜六色的花布，这就是“锦”。

壮族织锦

壮锦是壮族人民用棉或麻的股纱做经线，用粗而无捻或微捻的丝线做彩纬，采用通经断纬的方法巧妙织成的艺术品。它色彩艳丽，主要用来做被面、褥面、挂包以及围裙等。这些看似简单的东西，编织起来却很难。一个熟练的编织工一天也只能织一尺左右，假如要做一幅被面，需要壮锦至少六尺，完工足足需要六天时间。

32

第三十二章

天涯海角
——海南省

【简称】琼
【别称】琼州
【省会】海口市
【面积】海域面积约200万平方千米，陆地面积约3.54万平方千米
【行政区划】现辖3个地级市、4个市辖区、6个县级市、4个县、6个自治县
【地形】地貌以山地、丘陵为主，地形地形四周低平，中间高耸
【气候】热带海洋性季风气候
【民族】汉、黎、苗、回等族
【风景名胜】三亚热带海滨风景名胜区、三亚南山大小洞天旅游区等

海南省位于中国最南端，北隔琼州海峡与广东雷州半岛相望，西临北部湾与越南相对，东濒南海与台湾相望，南边在南海中与菲律宾、文莱和马来西亚等国为邻。海南岛是中国最美丽的岛屿之一，也是世界最美丽的岛屿之一。海南分热带与亚热带区域，长夏无冬。当北国千里冰封的时候，这里依然暖风和煦。不要犹豫了，快来海南吧！

地形特征

DIXING TEZHENG

海南省的管辖范围包括海南岛、西沙群岛、南沙群岛、中沙群岛的岛礁及其海域。热带天然林约占全省森林面积的一半。海南岛四周低平，中间高耸，地势以五指山、黎母岭为隆起核心，向外围逐级下降。山地、丘陵、台地、平原构成环形层状地貌，梯级结构明显。这像什么呢？哈哈，多像一只背着龟壳的神龟呀！

五指山

翡翠山城

五指山市位于海南岛中南部，因其境内的五指山而得名。五指山市群山环抱，森林茂密，是有名的“翡翠山城”。来到这里，你会惊喜地看到菠萝蜜、椰子树以及美丽的凤凰树。你要是睁大眼睛留心观察，还能看到当地黎族同胞身上传统而神秘的文身图案呢！

鸟的天堂

美丽的西沙群岛位于南海西北部，由大小几十个岛组成。岛上鸟类众多，有鲣鸟、乌燕鸥、黑枕燕鸥等，在整个树林上空高飞低旋，这里活脱脱就是一个“鸟的天堂”。要是你来了，也许鸟儿们会亲切地同你交谈呢！不过来之前要先做好充足的准备，买足食物装进包里，以备不时之需，因为在西沙群岛虽然可以吃到各种海鲜，但是当地吃的蔬菜大都是补给船从陆地运过去的。

气候和资源

QIHOU HE ZIYUAN

相比福建与广东，海中之岛海南遭受的台风灾害就更多了，这里常年有大风。

海南地处热带北缘，属热带季风气候，素有“天然大温室”的美称。这里长夏无冬，光温充足，光合潜力高。海南岛入春早，升温快，日温差大，全年无霜冻，冬季温暖，稻可三熟，菜满四季，是我国南方育种的理想基地。

这里四周低平，天生爱往低处流的水便很识相地从中部山区、丘陵向四周倾洒，最后流入大海。你要是想来海南看大河、长河，估计要失望喽。

海南已探明有工业储量的矿产资源约有70种，其中富铁矿、锆英石、石英砂等储量居全国前列，钴、锰、铜、石油、天然气、钛等储量也相当丰富。海南岛有十分珍贵的热带雨林和热带季雨林，动植物种类繁多。怎么样，这里每一片土地都是无价之宝吧？

南海观音

琼台怀古

QIONGTAI HUAIGU

浮粟泉

五公祠

历史上，海南是一个荒僻边远的地方，要是哪位大官犯了法，或者惹皇帝生气了，大多会被流放到这里，作为最重的惩罚。唐宋时期，先后有五位历史名臣被流放到这里，他们是唐朝名相李德裕、宋朝宰相李纲、赵鼎以及宋朝名臣李光、胡铨。后来，人们为了纪念他们，在海口市琼山区建立了“五公祠”。

五公祠内的浮粟泉的水特别甜。这儿的泉水不仅甘甜，还有一个神奇之处。传说只要在井旁用脚一跺，井底下就会源源不断往外冒出水泡。过去人们觉得这预示着来年一定会财源滚滚，生活蒸蒸日上，很多有钱人还特地远道而来，到井边踏上几脚呢。你也赶紧去踏一脚吧，看看它是不是像传说中的那样神奇。

海青天

中国古代有两位“包公”，一位是包青天包拯大人，还有一位是海瑞，人称“南包公”。海瑞是广东琼山人，一生刚直不阿，多次犯颜直谏，并平反多起冤

海瑞墓

案，被誉为“海青天”。

海瑞墓坐落在海口市秀英区的滨涯村，始建于明万历年间，是明朝皇帝派官员监督修建的。据说当年海瑞去世后，灵柩抬到这儿时，抬灵柩的绳子突然断了，人们认为这是海瑞自己选的墓地，于是便将他安葬在这里。海瑞墓有3米高，圆顶，用花岗石砌成。墓两旁竖立着石人、石羊、石马、石狮、石龟等石雕。整个墓园，绿草如茵，风格独特，是人们瞻仰古贤、欣赏文物的游览胜地。

岭南圣母

谯国夫人雕像

谯国夫人（512—602），名英。据史书记载，谯国夫人为高凉（今广东茂名市）人，是海南历史上的一位传奇女性。她毕生致力于国家统一，精忠爱国，历经梁、陈、隋三朝，历尽艰辛，都没有因为环境变化而影响报效国家的一片忠心，赢得了历朝统治者的敬重。生前，梁、陈、隋三朝对她都有册封；身后，宋、明、清等王朝都赐予她封号。谯国夫人为岭南地区的社会经济发展建立了不朽功勋，在民间享有崇高地位，被岭南人民奉为“圣母”。1400多年来，谯国夫人的名字和功绩在东南亚广为传播。民间对谯国夫人的怀念和崇拜逐渐衍变成了一种信仰，谯国夫人也由历史上的英雄人物变成了民间信仰的神灵，其英灵似乎无处不在。至今，为奉祀谯国夫人而修建的冼太庙遍及茂名、雷州半岛、海南岛乃至东南亚国家。

黄道婆

黄道婆，又名黄婆或黄母，宋末元初知名棉纺织家。她出身贫苦，少年受封建家庭压迫流落崖州(今海南岛)，以道观为家，劳动、生活在黎族姐妹中，并师从黎族人民学会了运用制棉工具和织崖州被的方法。后来，她返回故乡，创造了新式纺车，把从黎族同胞那里学来的新技术向人们传授。由于传授先进的纺织技术以及推广先进的纺织工具，她受到百姓的敬仰。在清代的时候，她被尊为布业的始祖。

度假天堂

DUJIA TIANTANG

热带滨海旅游城

三亚市位于海南岛最南端，是享誉国内外的热带滨海旅游城市，也是一个超级好玩的地方。要是胆儿够大，你可以去海底潜水，看看鱼类世界。什么？太刺激，受不了？那就依着海边，懒洋洋地晒太阳、看日落、吹晚风、赏烟花、放风筝、骑单车，一切随你。

美丽椰岛

海南岛是椰子的王国，不论在哪个季节、哪个角落，都可以见到高大挺拔、硕果累累的椰子树。所以到了这里，甜滑的椰子汁保证让你喝个饱。不过，当你去了海南，在路边走的时候要当心别被落下的椰子砸着。

到海南岛还有一乐，那就是去游“猕猴岛”。这里猴子成群，树木山石之间、花草洞穴之中，到处是它们闹翻天的身影，那情景就好像到了孙悟空的大本营——花果山。

请到天涯海角来

天涯海角游览区，位于三亚市区西南23千米处，背对马岭山，面向茫茫大海，是海南省第一旅游名胜。这里海水澄碧，烟波浩瀚，帆影点点，椰林婆娑，奇石林立，水天一色。海湾沙滩上大小石块遍布，“天涯石”“海角石”“日月石”和“南天一柱”突兀耸立其间，昂首天外，峥嵘壮观。

天涯海角

兴隆热带植物园

海南省地处热带，自古覆盖着茂密的热带森林，拥有种类繁多的热带植物，呈现一派雨林景观。到海南，你不妨去见识一些神奇的热带植物。兴隆热带植物园是个不错的选择。它是海南省最早对外开放参观的热带植物园，有“森林公园”的美称。这里汇集了1200多种热带经济作物。在这里，你能见到神奇的“见血封喉树”。不过，你可千万要小心，只可远观，不可亵玩焉哟。

见血封喉树

你知道吗

南天一柱

在天涯海角游览区，与“天涯石”“海角石”相隔不远处的“南天一柱”巨石，雄峙南海之滨，笑傲惊涛骇浪。“南天一柱”据说是清代宣统年间崖州知州范云梯所书。如果你保存有1988年发行的第4套人民币2元面值的纸币，翻到它的背面，你会发现那上面的图案就是这精彩撼人的石景。这个景观曾深入到中国人民生活的每一天中。

南国风情

NANGUO FENGQING

海南名吃

椰雕

你要是去了海南，不尝尝那里的文昌鸡，就真是白去了！要知道，文昌鸡可是海南传统“四大名菜”之首，海南有一句话叫“没有文昌鸡不成席”。相传，文昌鸡最早出自文昌市潭牛镇天赐村。村外有许多榕树，树上古枝参天，浓荫遮日，树下绿草如茵，成群的小鸡就在这里吃树上掉下的榕籽，逮草丛里的昆虫，追逐嬉戏，繁衍生息。这些小鸡就是肉美味鲜的文昌鸡。海南人吃文昌鸡，传统的吃法是白斩（也叫“白切”）。佐料很讲究，主要是蒜泥加酱油加橘子汁。因为海南人没有吃醋的习惯，所以橘子汁是必不可少的。

黎寨风情

假如你有幸在黎寨过夜，你也许会听到一种用木头敲击发出的奇怪的声音。别害怕，那是黎族同胞用他们最喜欢的叮咚木在奏乐呢。

叮咚木是一种古老的乐器，用2根长约2米的碗口粗的木头上下悬吊而成，可以通过在不同部位敲打，发出音调不同的声响。

叮咚木是怎么出现的？背后又有着怎样神奇的传说？你可以去亲自采访一下哦！

黎族竹竿舞

最美中国——最美海岸

海岸是波涛汹涌的大海奉献给人类的又一种壮丽神奇的景观。中国海岸线曲折绵长，澎湃的波涛和变化的潮汐、海流等共同作用，在海滨或沿海陆地边缘造就了诸多异彩纷呈、秀丽无比的美景，历经千年风雨仍魅力无穷，令人陶醉。

1 亚龙湾

亚龙湾位于中国南端的热带滨海旅游城市——三亚市东南28千米处，是海南的一个半月形海湾。这里有蓝蓝的天空、明媚温暖的阳光、清新湿润的空气、连绵起伏的青山、千姿百态的岩石、原始幽静的红树林、波平浪静的海湾、清澈透明的海水、洁白细腻的沙滩以及五彩缤纷的海底景观等。8千米长的海岸线上椰影婆娑，生长着众多奇花异草，各具特色的度假酒店错落有致地分布于此，把亚龙湾装扮得风情万种、光彩照人。

2 昌黎黄金海岸

昌黎黄金海岸位于河北省昌黎县东南面的渤海岸边。海岸线全长52.1千米，具有沙细、滩软、水清、潮平的特点，是进行海水浴、阳光浴、沙浴、森林浴、空气浴的理想地点 。

3 东寨港红树林

海南海口东北的东寨港因陆陷成海，形如漏斗，海岸线曲折，红树林就分布在整个海岸浅滩上。红树林是热带亚热带海滨泥滩上特有的植物群落，有“海上绿洲”之美称。这里的红树林终年生长在海水之中，划小船进入红树林曲折的“走廊”，犹如进入幻境。红树林、阳光、海水、海滩及明代古迹——海底村庄，构成了该地区的奇特景观。

4 清秀灵逸的湘黔古村落

湘西凤凰古城和贵阳青岩古镇生动地反映了湘黔古村落的风貌。这里的青石板、吊脚楼，显出美女般的秀丽；祠堂牌坊，飞檐斗拱，透出浓浓古意。

5 富贵庄严的北方大院

以乔家大院、王家大院等为代表的北方大宅院，以雄浑方正的北方庭院为主体，气势威严，高大华贵。这些大院多采用青砖青瓦的梁柱式木建筑，楼高院深，墙厚基宽，院落建筑如城堡般坚固，防御性强。院内雕梁画栋，精美的木雕、石雕和砖雕凝聚了中华民族传统的道德观念和儒家思想，同时也体现了明清时期中国内地古朴的民风。

6 个性鲜明的岭南古村落

福建的永定土楼，广东的赤坎古镇是个性鲜明的岭南古村落的典型代表。这些村落大都历史悠久，民居建筑有着鲜明的地方特色和个性特征，除了注重实用功能之外，更注重自身的空间形式、艺术风格、民族传统以及与周围环境的协调，以浓郁的岭南特色和深厚的文化底蕴打动人心。

33

第三十三章

百越之地——广东省

【简称】粤

【别称】岭南热土

【省会】广州市

【面积】陆地面积约18万平方千米

【行政区划】现辖21个地级市、57个市辖区、23个县级市、38个县、3个自治县

【地形】北部多为山地和高丘陵，南部为平原和台地

【气候】亚热带湿润季风气候

【民族】汉、壮、瑶、畲、回、满等族

【风景名胜】丹霞山风景名胜区、白云山风景名胜区、罗浮山风景名胜区等

广东省地处中国大陆最南部，属于东亚季风区，从北向南分别为中亚热带、南亚热带和热带气候，是全国光、热和水资源最丰富的地区之一。1978年以来，广东省在全国率先实行改革开放政策，已成为中国第一经济大省。

地形特征

DIXING TEZHENG

广东地形复杂，有山地、丘陵、台地、平原，其中山地、丘陵面积较广。丘陵分布于山地四周，由花岗岩侵入砂页岩所形成的丘陵排列凌乱，坡度较缓。平原、台地主要分布在南部沿海和各江中下游谷地，平原中以珠江三角洲和潮汕平原较大。

美丽奇景丹霞山

丹霞山是广东四大名山之一。它有黄山的奇、华山的险以及桂林的秀美，然而最吸引人的还是丹霞山上的千年未解之谜：

一、燕岩神钟之谜。在丹霞山有一座高大的山寨叫燕岩，山寨半山腰的险峻处有一座寺庙叫“燕岩岩庙”，据说这里冬无虱蚤，夏无蚊蝇，连蜘蛛都没有。尤其燕岩岩庙的那口不同寻常的神钟，有时会自动发出“呜呜”的声音，非常奇特。

二、金童玉女之谜。丹霞山上其实有一座地下迷宫，是一个石灰岩大溶洞，洞内石笋钟乳琳琅满目，洞口方向有两条蟠龙，再往前走就是地下河、银河滩、金童玉女……可惜后来被不知情的人毁坏了。现在，仁化县旅游资源探查者们正努力让这个地下迷宫再展风采。

丹霞山

苏铁

气候和资源

QIHOU HE ZIYUAN

广东省气候资源十分丰富。其境内河流众多，雨量丰沛，这些河流流量大，含沙量小，汛期长，终年不冻。广东省是一个光、热、水资源特别丰富的地区，但也是遭受台风侵袭最频繁的省份之一。广东的野生动植物资源非常多，水松、苏铁、树蕨等被称为广东的“活化石”，白鹇、华南虎、中华白海豚更是鼎鼎有名。广东的石油和天然气资源也很丰富。从资源的角度来说，广东真是个“大富翁”呢！

星湖

星 湖

星湖位于肇庆市北，坐落在7座山峰脚下。7座山峰排列得像北斗七星，所以又叫“七星岩”。七星岩周围的湖区也就统称为“星湖”。到了星湖，除了欣赏景色各异的6大湖区，还有机会听听山歌，或者干脆做个“蜘蛛侠”，沿着悬崖峭壁攀登“天下第一石”。对于“小馋猫”们来说，去这里的饭店吃吃杏花鸡，尝尝杏花酒，再试试山果野菜，真是棒极了！

中华白海豚

南国四大果品

广东地处亚热带，热带、亚热带水果品种繁多，其中，香蕉、荔枝、龙眼和菠萝被称为“南国四大果品”，美味可口。“南国四大果品”之一的龙眼又叫作“桂圆”，品种有乌圆、石硖、水眼、米仔眼、广眼等，其中尤以海珠区新硖龙眼最为出名。传说，“石硖”是“石夹”的意思，最早的龙眼树是从大石头缝儿里长出来的，由于树根被大石夹住，只好往深土层里钻，树根吸收了地下的“精气”，结出来的龙眼果特别好吃。

快去广东尝一尝地道的“南国四大果品”是不是真的那么好吃吧！

历史的痕迹

LISHI DE HENJI

南越王墓丝缕玉衣

南越王墓

南越王墓，是中国西汉时期南越国第二代王赵眛的陵墓，位于广州市解放北路象岗山上。赵眛是南越国建国的第一代君王赵佗的孙子，号称“南越文帝”。

南越王墓是岭南地区已发现的陵墓当中，规模最大、随葬品最多、墓主人身份最高的陵墓。出土的文物有生活中见不到的铜器、看起来“土得掉渣儿”的乐器以及曾经威风八面的青铜兵器，当然，也有做工精致的玉器和陶器等。在所有这些价值连城的宝物中，“文帝行玺金印”可以说是“镇墓之宝”。

虎门炮台

虎门炮台

虎门炮台内联狮子洋，外濒伶仃洋，像一双大手紧紧扼住珠江出海道的咽喉，其南通大海，北抵广州黄埔港，具有非常重要的军事意义。清代民族英雄林则徐、关天培曾在这里修筑炮台、设置大炮。炮台间系有铁链，水中隐藏有木桩、排链，在鸦片战争中，屡挫英国侵略军的进犯，被誉为“金锁铜关”。

“会变色的龙”

在广东韶关仁化有一个镶嵌在峭壁中的“空中寺庵”，这就是锦石岩寺。锦石岩寺有石殿数间，最大的石殿可以容纳上千人。不过更吸引人的是，这儿有一条“会变色的龙”。这条“龙”其实是一条宽约1米、横过锦石岩寺整个后洞壁的小型蜂窝状洞穴带。洞穴带绿色中夹杂黄色，像极了一条蜿蜒游过洞中的“绿龙”。“龙”身上长着一层蓝藻类生物，这种藻类会随气温、湿度的变化而改变颜色，春季为嫩绿色、夏季为深绿色、秋季为黄绿色、冬季为黄褐色。这真是一条好玩的“变色龙”啊。

现代风貌

XIANDAI FENGMAO

第一经济特区

深圳地王大厦

经济特区是在国内划定一定范围，在对外经济活动中采取比较开放和灵活的特殊政策的特定地区。深圳是中国改革开放后建立的第一个经济特区。自1980年以来，深圳经济飞速发展，创造了前所未有的“特区速度”，成为中国人均出口创汇最高的地区。在全国5个经济特区中，珠海和汕头也在广东。

万山岛

万山岛处于南亚热带海区，位于珠江出海口，气候、水文、水质都十分适合鱼类生长。这里的“万山渔场”就是“中国四大渔场”之一。

渔业作为万山镇的龙头产业，已经从单一的捕捞向网箱养殖和种苗培育多元化、产业化发展，养殖的品种主要有马友鱼类、马鲛鱼类、鲈鱼类、黄花鱼、红鱼、蚝等20多种。

如果你爱好旅行，又不想错过舌尖上的享受，万山渔场是一个不错的选择。这里有被称为“亚洲奇观”的浮石湾，浮石湾最特别之处在于，这里有大大小小形状各异的石头，却没有一粒沙；这里还有万山群岛历史最悠久、规模最大、延续了100多年的、具有浓烈海岛特色的妈祖祭典，还有独特的海蚀地貌；有全国唯一的保留完好的海岛第四纪冰川刻痕，还有原汁原味、绝无污染的海鲜。万山岛特有的赤米虾，个头小，肉质鲜美，可以直接生吃，也可以白灼。

万山岛

岭南风俗

LINGNAN FENGSU

佛山醒狮

“四不像”的醒狮

每逢春节，广州人玩得可开心了：看戏的、打牌的、逛街的、旅游的、拜年的、“逗利是（讨要红包）”的，而最吸引人的是舞醒狮的。

广州醒狮既不像狮子，也不像犀牛，更不像麒麟和虎豹，长着一只角，是一只“四不像”的独角狮。

广州人舞狮格外讲究。但凡新狮初舞，先要举行一个庄重的仪式，叫作“开光点眼”：先是焚香、洒酒、向天地敬酒；接着鞭炮齐鸣，鼓乐四起，人们用柚子叶或黄皮叶子（民间认为这些叶可以祛除邪气）为新狮打扫全身；然后杀鸡取血，在狮子的左右眼上各点一笔，之后新狮才开始舞动它那美妙的身姿。

美在花城

广州美称“花城”。每年春节前夕，广州的大街小巷都摆满了鲜花、盆橘，各大公园都举办迎春花展，特别是除夕前3天。各区的主题街道上都搭起彩楼，扎起花架，四乡花农也纷纷涌来，摆开阵势，售花卖橘。广州人爱花，却很有讲究：春节插桃花，是为了取“一树桃花满庭春”的好兆头；种金橘，象征“大吉大利”；养水仙，要的是“花开富贵”。要是你有朋友在广州，送他一盆蝴蝶兰准没错，这位“兰中皇后”可是吃香得很哪！

大戏出南国

粤剧又称“大戏”或者“广东大戏”，源自南戏，自明朝嘉靖年间开始在广东、广西出现，是一种糅和唱念做打、乐师配乐、戏台服饰、抽象形体等于一身的表演艺术。粤剧最初演出的语言是中原音韵，又称“戏棚官话”。到了清朝末期，文化人为了方便宣扬革命而把演唱语言改为粤语，使广州人更容易明白。现在它不仅流传于广东省，在国内沿海地区以及海外地区，也很受欢迎。

讲究的工夫茶

潮州工夫茶

潮州工夫茶不论从源流上，还是对茶道的研究上，都具有独特的风味和格调，堪称“中国茶道”的集中体现者。目前较为流行的潮州工夫茶，从选茶、选水、取水、茶具到烹茶、品茶,均有一套完整的模式。在整个冲饮过程中,要求严谨，技艺考究。潮州工夫茶，已深入到潮汕地区的千家万户。冲泡工夫茶是一种最为普遍的习俗，客人进门请他品尝工夫茶，是对客人的一种尊敬而又简朴的礼仪。冲泡工夫茶的茶艺，已成为一般潮州人得心应手的技艺。

大洲民间舞蹈

封开县大洲镇，位于封开县境内的贺江之畔，山环水绕，绿树蓝天。世世代代生活在这里的大洲人民深受天地灵气的熏陶，民风淳厚质朴，人民善歌善舞。每逢春节，古老质朴的民间舞蹈《麒麟白马舞》《五马巡城》《春牛舞》等便舞遍大洲镇的乡间田垄，使整个大洲镇沉浸在热烈、喜庆、祥和的节日气氛之中，一直延至元宵节。其中《五马巡城》最受当地群众的喜爱。该舞蹈历史悠久，阵容壮观，表演者需要35人以上。整个舞蹈鲜明突出地表现了儿女保家卫国的主题，看了令人为之振奋。

五马巡城舞

旅游画廊

LÜYOU HUALANG

深圳世界之窗内风景

深圳华侨城

深圳是个年轻、有活力、朝气蓬勃的城市。到了深圳，一定要抽空去华侨城逛逛。华侨城可是全国一流的大型旅游度假区，位于深圳湾畔，包括锦绣中华、中国民俗文化村、世界之窗以及欢乐谷四大主题文化公园，面积广阔，景观丰富。深圳华侨城充分运用现代休闲理念和高新娱乐科技手段，满足人们参与、体验的时尚旅游需求，营造清新、惊奇、刺激、有趣的旅游氛围，带给人们充满阳光气息和动感魅力的奇妙之旅。

开平碉楼

江门开平碉楼位于广东省江门市下辖的开平市境内，是中国乡土建筑中的一个特殊类型，是集防卫、居住和中西建筑艺术于一体的多层塔楼式建筑。中西合璧的民居，有古希腊、古罗马及伊斯兰等多种风格。这类建筑群规模宏大、品类繁多，造型别致，遍布开平城乡。这一座座碉楼，是活生生的近代建筑博物馆，是一条别具特色的艺术长廊。

34

第三十四章

东方之珠
——香港特别行政区

【简称】港
【别称】香江、香海
【面积】约1104平方千米
【行政区划】共设18个区
【地形】以丘陵为主，平地很少
【气候】亚热带季风气候
【风景名胜】香港迪斯尼乐园、维多利亚公园等

购物与美食、游乐场与自由港，潮流和传统交融在这里，它是东西方文化碰撞出的小世界。你猜对了吗？它就是有“东方之珠”美誉的香港。香港的得名与香料有关，因转运产在广东东莞的香料而出名，故被人们称为“香港”。也许你爱上别的城市需要时间的堆积，但是爱上香港却只需要一瞬间。

地形特征

DIXING TEZHENG

香港地形主要为丘陵，最高点为海拔约957米的大帽山。香港的平地较少，约有两成土地属于低地，主要集中在新界北部，分别为元朗平原和粉岭低地，都是自然形成的河流冲积平原；其次是位于九龙半岛及香港岛北部，从原来狭窄的平地向外扩张的填海土地。

香港岛

香港岛是香港最重要的海岛，是香港第二大岛屿。不过面积小，并不代表能耐小。香港岛的著名景点是铜锣湾，另外香港海洋公园、维多利亚公园也在这里。

每逢春节、中秋节、圣诞节及元旦等重要节日，都会有成千上万的市民聚集到维多利亚公园举行庆祝活动 。铜锣湾作为香港最繁忙的购物和饮食地区，以及不夜市区之一，入夜后，避风塘格外热闹，只见船上灯火通明，穿唐装衫裤的艇妹摇橹，接送游客往来于海鲜艇、酒吧艇及歌艇之间。游客在艇上品尝海鲜的同时，也可一边观赏海港夜景，一边领略舢板风光。

到这里走一走、看一看，一定会让你觉得不虚此行！

香港夜景

气候和资源

QIHOU HE ZIYUAN

香港大澳

香港位于中国南部地区，背靠内地，面向中国南海，形成典型的亚热带季风气候。春季温暖潮湿，夏季炎热多雨，偶尔遭受热带气旋侵袭；秋季凉爽、阳光充沛；冬季则清凉干燥。香港位于中国南端，你是不是以为越是靠近赤道，天气就越是炎热呢？错！香港完全没有你想象中那么炎热，相反，还有比较寒冷的时候呢！

香港属于亚热带季风气候。每年3月至5月为春季，气候温和潮湿。6月至8月为夏季，气候炎热，潮湿。9月至11月为秋季，大致凉爽，阳光充沛。12月至次年2月为冬季，清凉干燥，高地偶有霜降，不会降雪。年均气温22℃，不是很热吧？

香港面向南中国海，邻近大陆架，洋面广阔，岛屿众多。香港地理环境优越，渔业发达，有超过150种具有商业价值的海鱼，主要是红衫、九棍、大眼鱼、黄花鱼、黄肚和鱿鱼。香港已探明的矿藏有少量铁、铝、锌、钨、绿柱石、石墨等。

天下第一湾

浅水湾号称“天下第一湾”，是香港最具代表性的海湾。这儿坡缓滩长，波平浪静，冬暖夏凉。一到夏天，沙滩上人山人海，简直是一个色彩斑斓的世界。即使是冬天，人们也忍不住穿着泳衣来沙滩玩耍。

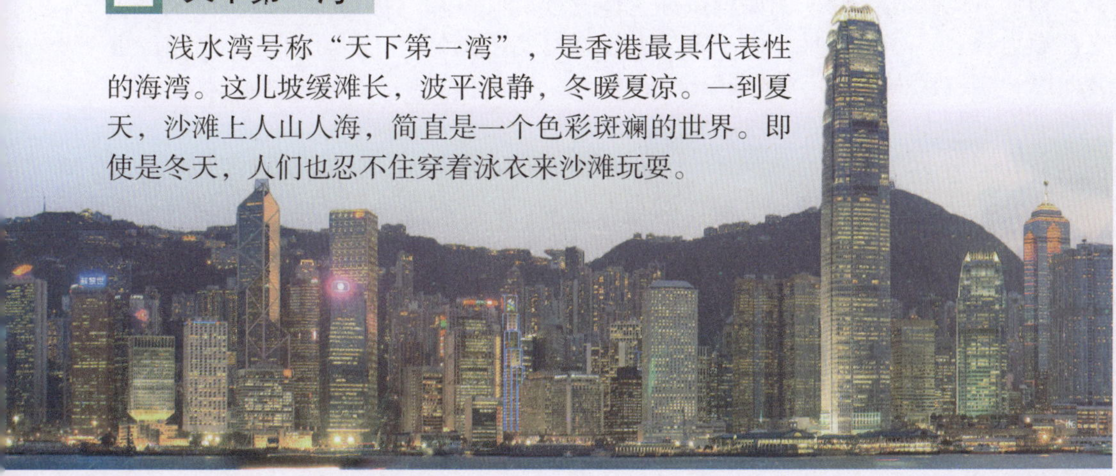

休闲天地

XIUXIAN TIANDI

购物天堂

海港城尖沙咀星光女神像

香港，被人们称为“购物天堂”，这里的物品不论是种类、质量、价格还是服务，都是世界知名的。如果你来到香港，海港城绝对值得一去，这可是香港面积最大的购物中心！

这里汇聚了众多国际化妆品品牌；还是时尚衣饰配件的潮流集中地，有上百家衣饰皮具专门店，至于名牌手袋、时尚男女服装店更是比比皆是，令人目不暇接；这里的电器商店信誉也非常可靠，完全可以放心购买。

大人买的东西样样齐全了，小朋友们的呢？当然有！这里的玩具“反”斗城（Toys “R” Us）是亚洲最大型的玩具商店，里面玩具种类繁多，其中卡通人物公仔及模型汽车玩具都是热卖商品。

铜锣湾

铜锣湾地段集中了很多购物中心、日资的百货公司以及酒店等，在街头巷尾还有很多餐厅，所有高档次的时尚潮流物品都可以在这里找到。还是香港不夜市区之一。香港人对饮食极为重视，享有“美食天堂”的称号。在铜锣湾闹市之中，到处可以找到美食，例如鸡蛋仔、钵仔糕、叮叮糖、煎酿三宝、碗仔翅等小吃都颇为著名。有趣的是，由于香港人性格好“一窝蜂”，因此有些小吃摊位也会如风一样，骤然而来，骤然而去。

去中环扫货

中环是香港的政经中心及高级购物商业区。在中环有数不尽的金融中心、各种各样的餐饮食品和品牌时装专卖店，是游客和香港当地人最喜欢的购物场所。此外中环有很多的新旧建筑，属于香港标志性建筑，如中银大厦等，这些建筑构成香港岛美丽、壮观的城市风景线。

旅游画廊

LÜYOU HUALANG

香港迪士尼乐园内景

去迪士尼疯玩

去迪士尼游玩，找寻儿时的梦想，是大人小孩都愿去香港的一大理由。香港迪士尼乐园位于香港大屿山，包括有美国小镇大街、探险世界、幻想世界、明日世界、玩具总动员大本营、灰熊山谷及迷离庄园等7个主题区，其中灰熊山谷和迷离庄园为全球独有。园区内设有主题游乐设施、娱乐表演、互动体验、餐饮服务、商品店铺及小食亭。此外，乐园每天都呈献巡游表演节目及烟花会演。

星光大道上的李小龙铜像

漫步星光大道

星光大道是香港尖沙咀海岸的一段海滨长廊，位于梳士巴利花园南端至新世界中心之间。香港星光大道整体仿照好莱坞星光大道建设而成，是为了表彰香港电影界的杰出人士而修建的。星光大道地面装嵌了73名电影名人的牌匾，其中30多块有名人的大手印。大道入口处亦设有金像奖铜像及一个供表演活动的小舞台。大道沿途有小食亭、纪念品小卖亭、一些与电影相关的雕塑和休憩座椅。在星光大道漫步，游客可以从容地欣赏香港著名的维多利亚港景色、香港岛沿岸特色建筑物以及香港崭新的多媒体灯光音乐会演。

俯览维多利亚港

位于香港岛太平山与歌赋山之间的炉峰峡上的凌霄阁是香港一个极富特色的休闲娱乐好去处。在这座由英国设计师设计的碗形建筑内，顶层是海拔428米高的“凌霄阁摩天台”，是香港观赏维多利亚港的最佳位置。您可以在这里鸟瞰整个维港的日与夜。

凌霄阁

探秘海洋公园

香港海洋公园位于香港岛南区黄竹坑，是一座集海陆动物、机动游戏和大型表演于一身的世界级主题公园，为全球最受欢迎、入场人次最高的主题公园之一。公园依山而建，分为“高峰乐园”及“海滨乐园”两大主要景区，以登山缆车和海洋列车连接。这里拥有东南亚最大的海洋水族馆及主题游乐园，还有趣味十足的露天游乐场和高耸入云的海洋摩天塔，更有惊险刺激的越矿飞车、极速之旅，科普、观光、娱乐完美组合，一定让你不虚此行。

海洋公园内海洋剧场的表演

35

第三十五章

海上花园
——澳门特别行政区

【简称】澳
【别称】濠江
【面积】约29.2平方千米
【行政区划】7个堂区和1个无堂区划分区域
【地形】由澳门半岛和两个离岛氹仔岛、路环岛组成
【气候】热带季风气候
【风景名胜】澳门历史城区、大三巴牌坊等

澳门与香港、广东鼎足分立于珠江三角洲的外缘。东与香港相望，西与湾仔镇一衣带水，北与珠海经济特区的拱北相连。如此优越的地理位置，对它本身及其邻近地区的经济发展都起着重要的作用。澳门的人口呈过密状态，虽然资源匮乏，但文化的交融和共存使澳门成为一个独特的旅游城市。走在澳门街上，你既能欣赏古色古香的传统庙宇，又可以瞻仰庄严肃穆的天主教堂，还有众多的历史文化遗产和优美的海滨胜景，足够让你爱上这座“海上花园”。

西望洋山

地形特征

DIXING TEZHENG

澳门地区由澳门半岛和氹仔、路环两个离岛组成，地势不高，但丘陵、台地广布。路环岛地势最高，是一个由花岗岩组成的山体。要是你来这儿爬山，简直轻而易举！站在山顶观海也别有趣味，既能一览大海广阔之全景，又能倾听大海惊涛之怒吼。

“弹丸之地”不平凡

澳门半岛原来是一个独立的海岛，后来因为西江上游带来的泥沙冲积成一道沙堤，使这个小岛与大陆连接起来，成为一个“半岛”。澳门半岛是澳门居民的主要聚居地。

澳门半岛是个“弹丸之地”，却是澳门的主要组成部分与行政中心。如果从氹仔岛远眺澳门半岛，它的左右各有一座山，远远望去就像两扇开启的“门”，很奇特吧！

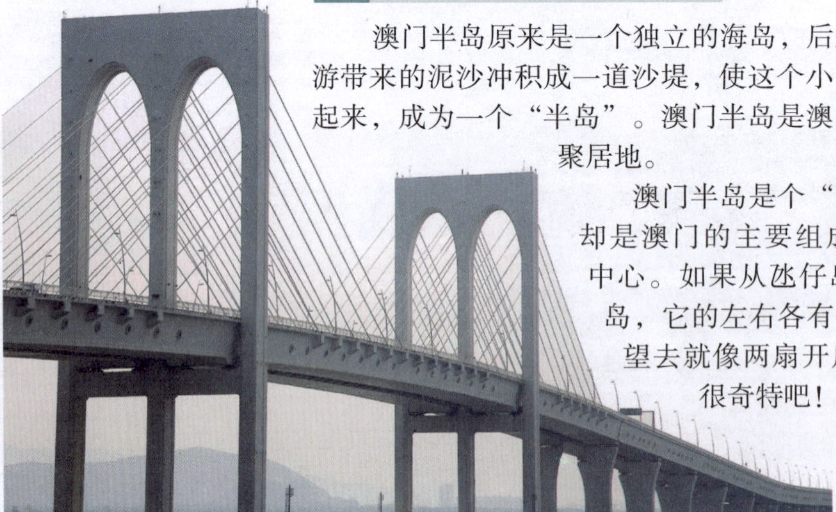
西湾大桥

气候和资源

QIHOU HE ZIYUAN

削山填海而来的路氹城

澳门纬度较低，属热带季风气候，光热充足，温暖湿润，夏长冬短，雨量充沛，台风、暴雨多。7月份是其最热的月份，年最高温度为38.9℃，但是谁能想到它的最低气温居然是-1.8℃呢！

澳门特别行政区土地资源不足，为了增加陆地面积，从20世纪60年代到现在，澳门共进行了4次填海造地工程，其中澳门新城区、澳门旅游塔一带、氹仔的马场和澳门国际机场地区，都是通过在氹仔削山填海而来。现在填海造地工程还在继续。

澳门虽然地域小，淡水资源匮乏，但是动植物资源很有特色，榕树、桉树等就是典型的热带植物，这里还有不少药用植物。澳门的蝴蝶品种也不少，有近百种。这里的浅海渔业资源更是丰富，有150种以上有商业价值的海水鱼虾、海贝。

黑沙海滩海滨浴场

你见过黑色的沙滩吗？位于澳门路环岛南面的黑沙湾滨海浴场，就是一个著名的黑沙滩。沙滩上的海沙细腻光滑，踩在上面，可舒服了！秋季是去黑沙海滩旅游的最佳季节。

据说，黑色的细沙是由于海洋特定环境形成的黑色次生矿海绿石所致。海绿石受海流影响，被搬运至近岸，再经风浪携带到海滩，使原来洁白明净的白沙滩，变成了迷人神秘的黑沙滩。

澳门唯一的矿产

澳门不但土地资源稀缺，矿产资源也非常稀缺，整个行政区除了花岗岩石料以外，没有发现其他矿产资源。

澳门著名的建筑妈祖阁，整体建筑主要就是由花岗石及砖头砌筑而成，其中花岗石作主导。下次去澳门的时候注意看看哦，妈祖阁入口大门就是一个牌楼式的花岗石建筑。

小城大爱

XIAOCHENG DAAI

氹妈祖像

火烧不掉的妈阁庙

在澳门有一座传奇的庙宇——妈阁庙，据说它神奇得很。20世纪80年代的一天深夜，庙内主体建筑“正觉禅林”突然起火，整个殿宇被烧塌。奇怪的是，神龛中央的妈祖神像仅被烟火熏黑，即便塌下的横梁掉在神像跟前，神像也丝毫无损。

现在妈阁庙依旧很受大家欢迎，每年农历除夕、三月二十三日妈祖生辰、九月九日重九节，这里更是人山人海，热闹非凡！

不去大三巴，就不算到过澳门

在澳门，有一个不太出奇却十分著名的地方，那就是大三巴牌坊，它可是最具代表性的“澳门八景”之一，是圣保罗教堂的前壁遗迹。可惜那幢曾经十分辉煌的建筑被一场大火烧毁。大火后，只剩下光秃秃的教堂前壁，活像中国传统的牌坊，所以叫“大三巴牌坊”。

大三巴牌坊虽然是烧毁后的遗迹，不过上面的雕像形态各异、活灵活现，不可错过啊！

东望洋山

澳门半岛东北部的东望洋山，海拔90多米，在高山家族中，实在是小矮个儿，然而在澳门半岛却是“最高峰”了。山上有一座高十几米的灯塔，叫东望洋山灯塔，它伫立在这儿已超过140年，于1992年被评为“澳门八景”之一。

东望洋山与灯塔台的小教堂

在东望洋山的山顶，还有数座炮台堡垒和防空洞。防空洞由四组隧道组成，是从前的军事禁区。洞内有发电机、休息室及贮油池，还有登上灯塔炮台的升降机等。你要是想领略一下真实的防空洞，可以去看看哟！

旅游画廊

LÜYOU HUALANG

澳门“盛世莲花”雕塑

金莲花广场

金莲花广场位于澳门新口岸高美士街、毕仕达大马路和友谊大马路之间。广场中间的“盛世莲花”雕塑的主体部分是由青铜铸造的，由花茎、花瓣和花蕊构成，栩栩如生。这座金莲花雕塑是有特殊寓意的，它是中央政府在1999年12月澳门回归时送给澳门特别行政区的，祝愿澳门经济永远腾飞。每当著名节日时，澳门政府会盛装打扮这朵美丽的金莲花。在特别的日子里，澳门人民会在金莲花广场举行升旗仪式，在2008年奥运会之际，奥运圣火也曾传到了这个著名的广场。现在金莲花广场已成为澳门的一个著名地标及旅游景点。

议事亭前地

议事亭前地位居澳门半岛中区，坐落在民政总署总部对面，是澳门四大广场之一。整个广场由碎石子铺成波浪状，南阔北窄，呈狭长的三角形，为热闹的商

圣诞节时的议事亭前地

业及文化活动区。因位处自明朝起中国官员以至葡萄牙人的议事机构——澳门议事会（即今民政总署大楼）前，故而得名。议事亭前地一直是澳门的市中心，许多节日庆祝活动都在此举行。

澳督府

澳督府位于澳门特别行政区南湾马路上，在历史上曾是澳门的政治中心。它建于19世纪中叶，是一栋南欧风格的两层楼房，以麻石为墙基，结构牢固，左右两翼伸出，拱形窗门，镶嵌木质百叶窗，花园在建筑物后面及右侧。整个澳督府赋有南欧情调，是澳门的又一特色建筑物。每年6月的第一个星期天对外开放。

澳督府

大炮台

大炮台位于澳门半岛中央柿山（又名炮台山）之巅，原为圣保罗教堂的祀天祭台，又名圣保罗炮台、中央炮台或大三巴炮台。昔日曾是军事防御设施的重心，现为澳门历史城区一部分，为澳门的旅游景点之一。大炮台毗邻澳门中区繁荣地段，城市与历史文化遗产近在咫尺，一年一度的音乐盛事《澳门国际音乐节》也多次选择在大炮台举行。

大炮台